U0927985

朗诵艺术随笔

瞿弦和　张筠英　著

中国戏剧出版社
CHINA THEATRE PRESS

图书在版编目（CIP）数据

朗诵艺术随笔 / 瞿弦和，张筠英著 . -- 北京 : 中国戏剧出版社，2025. 6. -- ISBN 978-7-104-05691-1

Ⅰ. H019-53

中国国家版本馆 CIP 数据核字第 2025Y8A829 号

朗诵艺术随笔

责任编辑：赵宇欣
责任印制：冯志强

出版发行：中国戏剧出版社
出 版 人：樊国宾
社　　址：北京市西城区天宁寺前街 2 号国家音乐产业基地 L 座
邮　　编：100055
网　　址：www.theatrebook.cn
电　　话：010-63385980（总编室）　010-63381560（发行部）
传　　真：010-63381560

读者服务：010-63381560
邮购地址：北京市西城区天宁寺前街 2 号国家音乐产业基地 L 座

印　　刷：北京鑫益晖印刷有限公司
开　　本：787mm×1092mm　1/16
印　　张：9.5
字　　数：100 千字
版　　次：2025 年 6 月　北京第 1 版第 1 次印刷
书　　号：ISBN 978-7-104-05691-1
定　　价：98.00 元

版权专有，违者必究；如有质量问题，请与出版社联系调换。

写在前面

人生八旬不言老。

三年前，《朗诵实践谈：百篇百感》出版了，但实践未停，事业心未泯，我们老两口儿还在写随笔。

随笔即随意、随性之散文。本书整理了18篇随笔，献给喜爱朗诵的朋友。

目录
CONTENTS

诗歌颂长城

瞿弦和

《长城交响诗》是北京电视台资深导演刘羽的代表作，也是 20 世纪 80 年代《诗 TV》中的经典。

刘羽导演个子很高，眼睛炯炯有神，虽然额顶的头发不多，但明显卷曲着。他有深厚的音乐功底，更有强烈的事业心，用他的话说："是长城的悲壮、神圣与雄伟激发了我的创作热情，促使我开始拍摄《长城交响诗》。"

与导演刘羽（右一）
摄像师张晓晨（左二）

1984 年秋，刘羽导演约我见面，指派我参加《长城交响诗》第二章的拍摄。我要朗诵的诗是以时任北京电视台台长王浩所写原稿为基础，由诗人任卫新加工而成的。刘羽导演特别强调："不同于舞台朗诵，这首诗展现了一位诗人游览居庸关云台时激动不已、诗兴大发、先吟后歌的状态。"为了使人物形象更丰满、有厚度，刘羽导演让我扮演诗人，采用顺口而出的吟唱方式，这样显得更加自然、流畅。

我身穿中山装，搭配一件风衣，在长城上边走边吟："深秋京北云台行，弹琴峡里水叮咚。山风似知我心意，流水畅叙我衷情……山高水长磨难多，起伏跌宕从无怨……重生还愿生中国。"凝视、攀登、远眺、踱步、沉思，一步一景，可谓"画中有诗，诗中有画"。刘羽导演特地冲洗了一张照片，送给我留念——我手搭风衣，站在烽火台前，前景是

在居庸关长城朗诵

生长在长城边的树丛。

20世纪90年代，中央电视台要拍摄《中华文明——长城》，我有幸担任讲述人。剧组选择北京怀柔九渡河，也就是慕田峪长城以西的一段长城为拍摄点（如今的“黄花城水长城”），这里保留了明长城最原始的状态。

由于长期受到风雨侵蚀，台阶陡，路难行，脚踏实才敢迈步。我一边走，一边感受历史的沧桑。到达拍摄点后，我再次翻看散文诗式的讲述词。忽然，余光里出现一个小男孩，正惊奇地看着我们。他手拿两个巴掌大的旧口袋，里面似乎装着山栗子。他的球鞋已经有破洞，露出了脚趾，单薄的裤子多处破损，真让人心疼！

我好奇地问他：“今天不是休息日，你为什么没去上学？”他默不作声。我下意识地掏出钱，说：“天凉了，去买双鞋。”他还是不说话，也不伸手接钱。“这就算我买栗子的钱。”我把钱塞到小男孩手里，“听话，快下山，趁现在商店还开门。”

在大家的劝说下，小男孩离开了，我不知道他那天是否买了新鞋……但30多年过去了，我相信，随着“脱贫攻坚”政策的逐步落实，村里的孩子们早已穿上舒适的新鞋，有越来越多的长城遗迹得到妥善的修葺和保护。

2000年的元宵节，全国青联、中华人民共和国香港特别行政区民政事务局、北京市人民政府、中央电视台和香港青年协会共同举办了“中华龙腾——海内外青年汇长城”活动，3048米的中华巨龙刷新了吉尼斯世界纪录。活动总导演王玉玺让我在长城上朗诵任卫新创作的《龙

在怀柔古长城拍摄

舞长城赋》。

王玉玺毕业于首都师范大学音乐舞蹈系，他编导的龙狮舞有广泛的国际影响。诗人任卫新的作品大气磅礴，慷慨激昂：“海内外五千神州龙子，庆新千年，迎新世纪，登长城感念中华母亲哺育之恩，报国图强，同此一心，于世界民族之林腾飞翱翔！”

我早早来到活动现场，见长城上挂起中英文的“八达岭长城”横幅，平台上也铺上红色地毯，垛口拐角处竖起白色华表，三角舞龙旗迎风飘扬。我身穿红色西服，手持套有防风套的话筒，放声朗诵：“长城如龙，东饮沧海，西垂大漠，两千年悠久流光，十万里坎坷征疆……”真是诗情奔涌，心旷神怡。放眼望去，中华巨龙蜿蜒起伏，规模之大、难度之高，堪称世界之最！

朗诵《龙舞长城赋》

2003年6月28日，文化部（今文化和旅游部）在八达岭长城举办了“庆祝中国共产党成立82周年——众志成城·战胜非典露天音乐会”。音乐会包括交响乐、大合唱、独唱、朗诵等，由中国交响乐团担任演奏乐队，我和张凯丽、佟凡表演了配乐诗朗诵《跨越非典》和《用生命托起希望》。这两首原创诗歌不仅歌颂了象征民族心、民族魂的长城，还赞扬了抗击非典的白衣天使和他们所体现的“南丁格尔精神”。

我朗诵的《跨越非典》篇幅较长，但文笔激越，表达具体。导演说：“没有更多和乐队配合的时间了，可以拿夹子上台了。”但我想表达对白衣天使的由衷敬意，于是决定脱稿朗诵。

活动现场气氛严肃庄重，让人不免有些紧张，读到三分之二处，我突然卡壳了。我临时加了个语气词“啊”，借此机会，脑海中浮现出种

在八达岭长城举办抗击非典演出现场

种动人的场面，诗句也从记忆里闪回……

至于 2019 年，我在慕田峪长城朗诵原创作品《万里长城万里长 我用镜头记录你》，是张良导演托中国文联的许爱萍通知我的，她告诉我和夫人“慕田峪长城有缆车，很方便”，于是我们便愉快地应下此事。没承想走到缆车站点就有几十级台阶，缆车一到，还要迅速进入。筠英说：“在大学里你是形体课代表，你先蹦上去！”哇，哪里是“蹦”？跟“爬”差不多。

下了缆车，我们老两口儿相互搀扶，笑着说：“别急，先缓一缓。”

这次的演出地点没有后台，狭窄的入口处只有一位保安值班。那位保安个头挺高，天生一张笑脸，诚挚欢迎所有到访者：“慢点，脚下线多，别绊着。”我赶忙说：“谢谢，值班啊？”“一早就上岗了，我的任务就是保证安全，什么节目都看不上。”他的话语中流露出一丝遗憾。

演出结束后，我和夫人特意找到“笑脸保安”，主动要求与他合影。这下，他反而不会笑了，直愣愣地站在那里。张良导演跑过来，一边给我们照相一边说：“必须把长城带上，这一看就知道是慕田峪。”

这些年来，高科技助力艺术事业蓬勃发展，灯光师将夜晚的长城装扮成一条金龙，使长城诗会现场展现出更丰富的内涵。山海关、大境门、居庸关、司马台的诗会舞台，还使用了投影。

“古韵雄关美·诗韵颂中华”活动，在山海关的箭楼广场举行，我们和葛兰、方明、姚喜双等播音艺术家同台。筠英朗诵曹操的《观沧海》时，灯光师在箭楼的城墙上投出古代宫殿的远景，导演又安排了一组身着盔甲、手持长戟的男演员，威武地站在平台上，烘托诗文中“日月之行，若出其中。星汉灿烂，若出其里”的壮阔气韵。

在慕田峪长城与张良导演合影

张筠英在山海关箭楼广场朗诵《观沧海》

我在大境门前朗诵毛主席的诗歌《沁园春·雪》时，灯光师在城墙上投出毛主席的手书和漫天大雪的景象。担任现场大提琴演奏的女乐手李维，把一曲《激情燃烧的岁月》演绎得深沉有力，使观众感受到了“数风流人物，还看今朝”的时空交汇。

中秋夜，清亮的月光洒向居庸关长城，“天下第一雄关”的匾额格外醒目。在城墙下的圆形舞台上，我和夫人伴着古筝曲朗诵苏轼的《水调歌头·明月几时有》，再现“千里共婵娟”之情。

后台即是长城垛口

瞿弦和在长城大境门朗诵《沁园春·雪》

在居庸关长城朗诵《水调歌头·明月几时有》

长城，好似一首长诗；诗与长城，有着说不尽的情愫。2023年，由旅德指挥家崔鸿嘉执棒，中国歌剧舞剧院交响乐团演奏，我再一次在八达岭长城朗诵《沁园春·雪》。

四顶帐篷临时充当演员的休息室，我抵达时，里面坐着一对夫妇。起初，他们犹豫地看着我，后来，那位先生客气地站起来，问：“我们好像见过？”我笑了：“北京工人体育馆，你唱《万里长城永不倒》，我报幕，徐小明先生，你忘了？”“哇……”现场的气氛马上活跃起来，徐夫人赶忙给我们俩拍了张重逢照。

没过多久，舞台上就传出了“须晴日，看红装素裹，分外妖娆”的朗诵声，回荡起“万里长城永不倒”那激动人心的旋律……

——本文原载于2024年11月10日《北京晚报》

与中国香港艺术家徐小明合影

在密云司马台长城朗诵

“古槐榆枝”有华彩

瞿弦和

一个星期五的晚上，我照例驾车来到交道口东大街 111 号的北京市东城区文化馆观看朗诵会。本想在树下停车，保安何师傅却让我把车停到西边的空场上：“今晚有强对流天气，别被刮折的老树树枝砸了车。”

“这是一棵大槐树！”何师傅告诉我，“清末民初的，有 100 多年的历史了。”我走近一瞧，树干上有号牌——古树 110101 B00203。何师傅继续说：“这棵大槐树最神奇的地方是树洞里长出了榆树枝。”

顺着何师傅手指的方向，我看到一棵榆树正在槐树的树干上茁壮成长，与槐树融为一体，构成“古槐榆枝”的奇观。

我问：“这棵榆树是人工嫁接的吗？”

何师傅笑了：“不是，是天然的。”

哇，我忽然感觉自己变成一粒小小的榆钱儿，随风飘荡，落在大槐树的树洞里，继而悠然、自在地成长。这使我不禁想起了“共同体”，想起了“和谐共生”“和而不同”，想起了“融合创新”……

观看朗诵会的朋友们陆续到达，打断了我的思绪。“五龙亭朗诵团”

北京东城区文化馆的“古槐榆枝”

的刘宝坤激动地说，今天下午朗诵团在部队慰问，活动一结束，全团直接赶过来了；“天合朗诵团”的米清河高兴地说，今天登台的演员中，有他部队文工团的战友；“景声朗诵团”的安宏敏认真地说，节目单上有名话剧《雷雨》的台词片段，一定要来学习学习；“青春之声朗诵团”的王世明刚出院，他攥着演出票，急切盼望团员的到来。李勇辉、徐连勇、青山、赵志坚、刘星、徐文杰……北京 50 多家朗诵团的朗诵爱好者都来了，现场一票难求！

大槐树旁就是东城区文化馆“风尚剧场”的入口，入口处的墙上，挂满各种文化培训机构、研究单位的牌匾，舞蹈、声乐、器乐、曲艺、美术、书法，应有尽有，“北京和弦曲朗诵艺术工作室”的牌匾也在其中。记得工作室挂牌那天，舞蹈演员出身的文化馆领导白昂、任莉笑呵呵地对我说：“老瞿，牌匾里一定不能少了老百姓喜欢的朗诵啊，‘和弦曲’这个名字挺好，倒过来读，像你的名字！”

我忙说：“谐音。弦之不和单调，人之不和寡助呀！”

2023 年，由中国诗歌学会朗诵演唱专业委员会、中国戏剧家协会朗诵专业委员会、北京市语言学会朗诵研究专业委员会、中央数字电视书画频道、北京市东城区文化馆主办的“放歌新时代　诵说新辉煌”朗诵展演拉开帷幕。一年多来，京城掀起了朗诵热，来自全国各地的朗诵艺术家、演员、播音指导、高校教师、青少年，大家自筹资金，按省、自治区、直辖市组织专场演出，在东城区文化馆一展风采，这里成了朗诵爱好者的乐园，成了普及朗诵艺术、提高朗诵水平的实践基地。风尚剧场的灯光师王蓬对我说：“瞿老师，这种演出形式真不错，每场朗诵

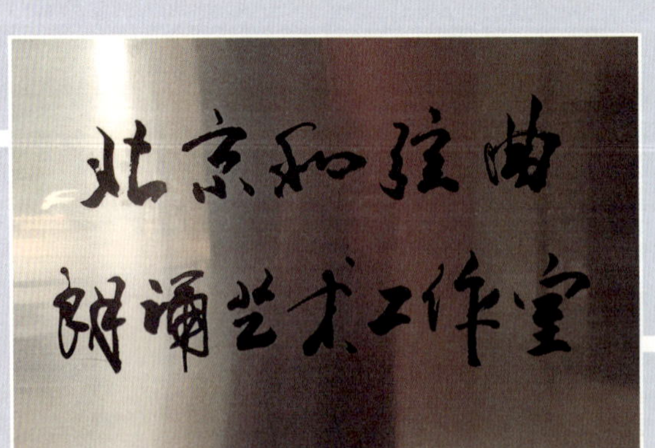

东城区文化馆“北京和弦曲朗诵艺术工作室”牌匾

会，古今中外作品都融合得十分巧妙！”

谁也没想到，在温州专场上，匈牙利诗人裴多菲的《我愿意是急流》和中国诗人舒婷的《致橡树》巧妙结合，成为一个节目。一男一女两位朗诵者置身于不同的舞台，每人一句；两首诗平行、交错，最后回到同一时空。在这里，世界无国界，一首完美的爱情诗汩汩而出。

谁也没想到，在烟台专场上，诗歌《带瓶好酒回家》竟以小品的形式呈现。三位身份不同的探亲者在车站相遇，用诗的语言交流乡情、友情、爱情，生动且自然。

谁也没想到，在川渝专场上，荣获“俄罗斯洛布尼亚国际戏剧节”最高奖的四川人民艺术剧院的话剧演员，身着川剧风格的服装，借川剧的司鼓、念白、身韵，演绎了俄罗斯作家契诃夫的独幕喜剧《熊》（原名《蠢货》）的台词片段。中国元素在为观众带来观演新体验的同时，彰显出戏剧那跨越时空的巨大魅力。

情景朗诵《带瓶好酒回家》（山东烟台演员）

演绎《熊》的台词片段（四川演员）

演绎《雷雨》的台词片段（天津演员）

谁也没想到，在福建专场上，宋代理学家朱熹描绘武夷山九曲溪风貌的佳作《九曲棹歌》，一改往日演员的古装造型，立足旅游者、讲解员、摄影爱好者的全新视角，互有问答。摄影爱好者手中不断变化造型的自拍杆，丰富了舞台表现力。

朗诵《九曲棹歌》（福建演员）

其他艺术形式的“助力加盟”、舞台美术的“增效扩容”、朗诵文本的“创新交互”，极大提高了朗诵艺术的观赏性。朗诵彭鹭的新诗《中国书法》和《中国京剧》时，笔墨纸砚道具的充分运用，以及戏曲的基本动作和调度，为诗歌“插上翅膀”；朗诵郭小川的名作《祝酒歌》时，九位男朗诵者身着伐木工人的工作服、手拿搪瓷缸震撼亮相；《革命烈士诗抄》不仅以先烈的个体形象呈现，朗诵者还共同诵读了陈然的《我的“自白书”》，从而将整个节目推向高潮……

看完演出，驾车回家，那棵长着榆树枝的大槐树在我的脑海里若隐若现。朗诵艺术文脉悠长，经典涌现，代代传承，一如这枝干遒劲的大槐树；朗诵爱好者立足当下，不懈探索，求新求变，就像那槐树洞里长出的榆树枝。我坚信，终有一日，这“古槐榆枝”会枝繁叶茂，一派流光溢彩。

——本文原载于 2024 年 7 月 28 日《北京晚报》

朗诵《祝酒歌》(浙江温州演员)

朗诵会座无虚席

在东城区文化馆举办公益讲座

从“雨巷”走到“康桥”

瞿弦和

1982年，诗刊社在中山公园音乐堂举办“纪念左翼作家联盟成立五十周年朗诵会”，在朗诵会上，我第一次朗诵《雨巷》。

《雨巷》是诗人戴望舒1927年创作的现代诗，通过象征性的意境来表达复杂的情感：“撑着油纸伞，独自 / 彷徨在悠长，悠长 / 又寂寥的雨巷，/ 我希望逢着 / 一个丁香一样的 / 结着愁怨的姑娘……”

“五四”时期诗歌朗诵演唱会

诗刊社、歌曲编辑部联合举办

节目内容：鲁迅、郭沫若的《这样的战士》、《〈而已集〉题辞》和《地球，我的母亲》等诗篇。还有“五四”以来的著名诗人闻一多、朱自清、蒋光慈、卞之琳、殷夫、戴望舒的诗《洗衣歌》、《别了，哥哥》、《我用残损的手掌》等，和田汉、刘大白、刘半农的《教我如何不想他》、《卖布谣》等歌曲，以及张学梦的诗《现代化和我们自己》等作品。

演出单位及演员：中央乐团罗天婵，中央民族歌舞团蒋大为，中央音乐学院黎信昌、叶佩英、饶岚，新影乐团关贵敏，天津人民广播电台关山，中国青年艺术剧院曹灿、冯福生，中国儿童艺术剧院王铁成，中央实验话剧院郑振瑶，北京人民艺术剧院朱琳、苏民、周正、梁月军，全总文工团娄湘忱，中国煤矿文工团张勤、瞿弦和，中央广播电视剧团徐恩祥，中央戏剧学院金乃千、张筠英等。

4月29、30日晚7:15　在　**中山公园音乐堂**

4月27日早9时起在中山公园东门、南门售零票。凭介绍信售团体票。票价：2、3、4角。（一米以上儿童凭票入场，一米以下儿童谢绝入场）.

纪念左翼作家联盟成立五十周年朗诵会广告

我在侧幕边候场时，刚要迈步，就听到报幕员说："这首诗表现出诗人一些不健康的情调。"顿时，我迈出的腿像抽筋似的僵住了，"'不健康'，怎么读"？随着惯性，我缓缓走向舞台中央的立杆话筒前，边走边反复自问："'不健康'究竟是个什么样子……"就这样，我在不知所措的状态下读完全诗。

集体谢幕后，领导和著名诗人上台接见演职人员，诗人柯岩走到我面前，开门见山地说："小瞿，今天你朗诵得不好，节奏拖沓，没有读出当年知识分子寻求希望的心情。"

柯岩老师一语中的。用专业术语来分析，我的表演情绪忽略了朗诵的"行动性"，没有准确把握朗诵这首诗的意义和目的。

2005年，国务院批准设立"中国诗歌节"，第一届"中国诗歌节"在有"中国诗歌之城"美誉的安徽马鞍山举行，我受指派再次朗诵《雨巷》。

马鞍山体育馆内搭起高高的多层舞台，导演胡博向我介绍了青年舞

在第一届"中国诗歌节"朗诵《雨巷》

蹈家田芳，一位个头高挑、身材苗条的姑娘：“她在高平台上伴舞，用的是莫凡的乐曲，中途会撑伞走下。自始至终你们没有交流，你不要看她，仿佛她就是诗人想象的丁香姑娘。”

我请导演看了我特意准备的服装，那是夫人张筠英建议、在服装店量身定做的藏蓝色中式服装，还配了一条白色围巾。导演说：“基调对，有点味道！”

相较于第一次朗诵，我对《雨巷》有了更深的感悟。诗人与想象中的丁香姑娘相遇、错过，预示着理想的破灭与失败，这使其陷入迷茫的痛苦。对“走尽这雨巷”的“尽”字，我作了新的处理，反其道而行，突出“漫长”之感。

第五届“中国诗歌节”是在湖北宜昌举行的，我和夫人作为闭幕式的导演，在闭幕式上推出了一版男女声朗诵加重唱的颇富戏剧性的《雨巷》。

大屏幕上是雨打小巷的图景，与延伸的石板路、旧街巷构成静谧的氛围。舞台上有实景路灯及可移动的四扇屏风，形成“内外有景”的格局，从而为演员提供多个表演区域；一座小桥分外亮眼，为丁香姑娘出场营造了梦幻的视效。

两位优秀的青年朗诵家胡乐民和雷凌来朗诵《雨巷》。前半部分以男声朗诵为主、女声朗诵为辅，像回声一样往复，一如丁香姑娘在诗人的梦中走近、投出，与诗的韵律相吻合。演唱时两人背靠背，没有正面交流。后半部分，男演员与屏风一起向上场口移动，雨停了，他放下伞，而女演员看到伞，故意将伞拿错，给男演员留下一个错觉。转瞬间，“梦幻”消散，男演员拿着伞追过去，仿佛奔向美好的理想，以此结尾。

虽然观众看得入神，演员演得过瘾，但对这种呈现方式，大家是存在不同的看法的。诗歌理论家吴思敬教授就对我们说："在舞台上朗诵《雨巷》，其实不用出现丁香姑娘，这样能使观众产生更多的联想。对诗人来说，人生就是一条悠长而又寂寥的'雨巷'。"是啊，《雨巷》对物象的描写既实又虚，注定了其呈现方式的多种多样。

在吴思敬教授指导下，张筠英在导演《世纪诗人》专辑时，在江苏常熟古里镇实景中，安排演员金锋朗诵了《雨巷》。

第五届"中国诗歌节"胡乐民、雷凌朗诵《雨巷》（瞿弦和导演）

《世纪诗人》专辑中金锋朗诵《雨巷》（张筠英导演）

筠英向吴思敬教授请教

诗人徐志摩1928年创作的《再别康桥》，是家喻户晓的名篇，有评论家写道：“它以轻盈柔和的语言、精巧圆熟的形式，描绘了一幅幅流动的画面，构成了一处处美妙的意境。”

这首诗，不仅中国人熟悉，世界各国的朋友也熟悉。在拍摄《世纪诗人——徐志摩》专辑时，吴思敬教授专门撰写了解说词，法国汉斯大学的张葵教授特邀外国友人分别用英语、法语、德语、俄语、意大利语、日语朗诵“轻轻的我走了，正如我轻轻的来；我轻轻的招手，作别西天的云彩”，并在配音艺术家任亚明的朗诵中呈现，以此彰显《再别康桥》的国际影响力。

朗诵《再别康桥》的人很多，对这首诗的理解不同，自然有不同的呈现方式。有些朗诵者找不到激情点，处理平淡，在节奏的把控上显得被动。我曾多次朗诵《再别康桥》，要说最难忘的一次，是在第七届“中国诗歌节”的开幕式上。

“重温经典”巡演任亚明与国际友人朗诵《再别康桥》

第七届“中国诗歌节”在河南郑州举行。著名舞美设计师孙天卫用一座贯穿舞台的红色木桥，作为呈现古今中外诗歌名篇的基本框架，它不断变化位置，与大屏幕的舞台背景巧妙呼应。

我站在台右侧木桥的高处，大屏幕上是油画般的康河景色，台左侧有一架红色三角钢琴，青年演奏家李悦萌身着优雅的白色长裙，六位小提琴、中提琴、大提琴女乐手身着过渡色系服饰，共同演奏匈牙利作曲家李斯特创作的乐曲《爱之梦》。虚实相间，衬托出诗人对康桥生活

在第七届中国诗歌节上朗诵《再别康桥》（舞美设计孙天卫）

的热爱、对离别的无奈、对恋人的思念。渐渐地，我步入诗人的世界，又将诗句融化于自己的内心，倾情诉说的同时，仿佛看到“河畔的金柳”“夕阳中的新娘”“在水底招摇的软泥上的青荇”。

《再别康桥》共七节，每节四行，韵律上严守二四句押韵，读起来朗朗上口。我觉得第六节是高潮，表达看似沉默，内心却涌动着离别的惆怅；“但我不能放歌”是矛盾的集中点，可以发泄一下——我想“这样”却又不能，这般带有失望几乎是绝望的诗句，要用激情的语调才能表达出来。

朗诵《再别康桥》时担任演奏的女子弦乐小组

在第七届中国诗歌节上
朗诵《再别康桥》

吴思敬教授看完我的表演，发来信息：“弦和，在“中国诗歌节”上听到你精彩的朗诵，十分成功！祝贺！”我长舒一口气，这次终于得到了他的肯定。

从“雨巷”走到“康桥”，真是“行路难”。朗诵是语言的艺术，伴随感悟的丰富和深入，每次实践，都会涌现新的想法，这注定是个不会停止的过程。

——本文原载于 2024 年 9 月 16 日《北京晚报》

当《致橡树》遇到《双桅船》

张筠英

我如果爱你——
绝不像攀援的凌霄花
借你的高枝炫耀自己；
我如果爱你——
绝不学痴情的鸟儿
为绿荫重复单调的歌曲；
也不止像泉源
常年送来清凉的慰藉；
也不止像险峰
增加你的高度，衬托你的威仪。
甚至日光，
甚至春雨。
……

记得第一次朗诵诗人舒婷的名作《致橡树》，是在2013年首届“中国·天津诗歌节”上。朗诵时，我的脑海中浮现出这样一幅画面：生长在南方的木棉与生长在北国的橡树，尽管天南海北，树干同样挺拔、高大。它们的树枝不断向对方伸展，周围的花草、小树，都投来了羡慕的目光。突然，一阵风吹过，树叶发出声响，这声音好似恋人间的窃窃私语，正如诗中说的：“根，紧握在地下；叶，相触在云里。每一阵风过，我们都互相致意，但没有人，听懂我们的言语。”

我刻意强调“我们的”三个字，从而让观众了解只有我们才能识别这个暗号，就像每对恋人、每对夫妻都有专属的昵称，都有别人听不懂的甜言蜜语那样。

世界上的爱情，各有各的特点。在《致橡树》中，“木棉”所代表的女性有独立人格、有事业心、有理想，好比余光中先生《写给未来的你》中说的，“自始至终都是一个理想主义者”。她的爱、她的浪漫，

在首届“中国 · 天津诗歌节”上朗诵《致橡树》

全部建立在与爱人平等的基础上——有困难时，互相扶持；在阳光下，互相欣赏，并非“小鸟依人”式的依赖。

“木棉”将自己的所思所想和盘托出，至于“橡树”是怎样回答的，这首诗没有提及。在一次舒婷参与的诗会上，主办方邀请我与弦和分别朗诵一首舒婷的作品，我选了《致橡树》，弦和选了《双桅船》。多年来，我们俩习惯在演出前一边试诵，一边交流看法；就是这次试诵，竟发现两首诗是相同的主题、相同的韵脚，仿佛一问一答。

比如《致橡树》中有“每一阵风过，我们都互相致意，但没有人，听懂我们的言语”，《双桅船》中的“是一场风暴、一盏灯，把我们联系在一起”像是回答：我们的言语是在风暴和灯光中形成的；《致橡树》中的“不仅爱你伟岸的身躯，也爱你坚持的位置，足下的土地”与《双

在青岛“曹灿杯”活动上朗诵《致橡树》《双桅船》

桅船》中的“你在我的航程上，我在你的视线里”，感觉像是一对恋人的表白；《双桅船》中的“不怕天涯海角，岂在朝朝夕夕”，与《致橡树》中的“仿佛永远分离，却又终身相依”相呼应。与之类似的补充对应的诗句还有很多。而《致橡树》中的“这才是伟大的爱情，坚贞就在这里”，堪为两首诗感情的升华。

于是，我与弦和忐忑不安地将两首诗拆分，再合并到一起，尝试“双诗同诵”。哇，不仅对应起来，还产生了新的激情点，甚至让我们回想起自己的人生经历：婚后，弦和在青海工作、生活整整八年，费了好大劲才调回北京，我们夫妻才真正团聚。

我与弦和顺利完成“双诗同诵”，走向后台时，王丹导演对我们说：“我都听哭了，想起电视台采访的情景，真心觉得这两首诗就是写给你们俩的……”谢幕后，我们赶忙找到舒婷老师，她笑着说：“谢谢你们，听着很舒服，没有人这么读过，是一种创新！”

中国传媒大学的查谦教授对我们说：“临近尾声，您二位并肩相依的画面，真是一道风景。它有穿越时间的力量，叫我深受触动！”她让我们在第二十六届“齐越朗诵艺术节”的颁奖大会上，再度呈现“双诗同诵”。

那次演出现场，导演金北平采用了两个造型光，我在主持人区，弦和在二层平台；一前一后、一左一右，以示两个不同的空间。两首诗相对独立，舞台调度可以交错，但眼神不交流；直至对诵时，我们才走到一起。轮诵之后是同诵，最后，弦和将左臂放在我的肩上，完成整首诗的演绎。

与王丹导演

诗人舒婷观看“双诗同诵”

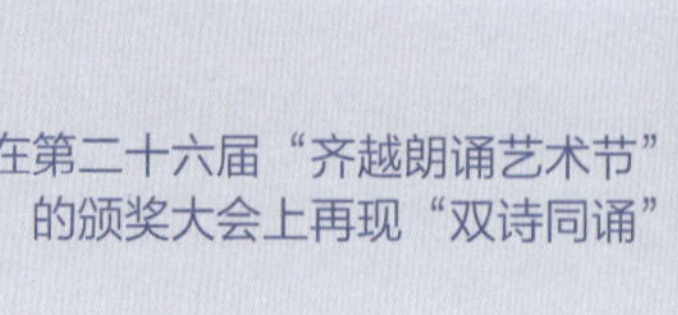

在第二十六届“齐越朗诵艺术节”
的颁奖大会上再现“双诗同诵”

为了与诗的格调相匹配，我穿上深蓝色的风衣，弦和穿上草绿色的风衣，既显得生活化，又保持职业化。查谦教授说："这两件风衣的设计独具巧思，风雨同舟，此生同契！"

当查谦教授将"双诗同诵"的实况录像在中国传媒大学的平台播出后，反响颇多。中央电视台著名译制片导演冯万友发来评论：

真是不同凡响，匠心独运！

看来真是吃透了诗的内涵，也充分理解人的情感，所以能在表达方式上开新路攀高峰——把吟唱和呐喊有机地处理成大合唱里才能运用的声部轮唱，而且不是简单的艺术手段，听得出来是"爱的回声""情的递进"，让听众的心潮随着你们的引领而澎湃起伏（可能还会触发某些人"爱的神经"，听着你们的朗诵就手抚胸口，流下了热泪……）。

在两首诗的处理上也是下了功夫，把爱情、事业和历史风雨巧妙地糅合在一起，内心深处的不同感触得到或明或暗的表达……不得不佩服你们的"艺术嫁接"功夫！对舒婷作品不熟悉的人还以为这是一首诗呢！

感佩你们在朗诵艺术上的有益探讨——理解有深度、表达有高度！

嘻嘻，朋友的赞美自然有些过奖，但仍是一种鼓励。

中国大学生电视节组委会曾邀我们赴福州参加诗会，为大学生献上"双诗同诵"。我们在朗诵前加了几句话："我们是中央戏剧学院的大学同班同学，一起经历了人生的风风雨雨，结婚58年，今年81岁。我们将《致橡树》《双桅船》融为一首诗，表达我们对青春、对人生的理解"。

在中国大学生电视节上朗诵

也许在场的都是当代大学生，由闽江学院等六所大学学生组成的方阵爆发出热烈的掌声与欢呼声，而当朗诵结束时，很多学生又流下了眼泪。

在场的著名作家孟犁野之女孟小曼说："演绎得淋漓尽致，完美诠释了历经岁月依然青春的爱情！"

在北京观看直播的媒体人张逸良发来信息："'双诗同诵'教科书，更是大学生面对未来生活的教科书。"

创新固然重要，但创新要基于对作品的全面理解，前提是遵守创作规律，唯其如此，才有意义。所以，创新不易。对钟爱朗诵艺术的我们来说，要记住余光中先生所言："我们活在世上，能完成一件事，足矣！"

——本文原载于 2025 年 2 月 16 日《北京晚报》

同步走向后台

与冯万友导演夫妇合影

雨中曲　风中情

张筠英

“让暴风雨来得更猛烈些吧！”这是高尔基的名句。

生活中风雨同行，顶风冒雨演出是常事，尤其是在露天舞台。

2004 年 4 月 1 日，我们俩应邀到广东东莞长安镇参加“红色精神代代传”广场朗诵会，中国儿艺业务办司维老师安排我们与著名表演艺术家方掬芬老师同行，那次我们就经历了风雨的考验。

主办方担心作品长，替我们准备了夹子，那时没有塑料套，纸张在

与艺术家方掬芬、司维同赴广东

右边卡在一起。没想到，朗诵完成了一半，突然天阴下来，豆大的雨点倾下，很快，纸上的字洇了、模糊了！幸好，我俩都能背诵，照常放声朗诵，观众也在雨中坚持观看。北方俗语称“风是雨的头”，可这回是雨中起大风，单手拿的夹子差点被吹飞，我俩索性合上夹子，脱稿完成后三分之一段落，鞠躬谢幕时已被浇成落汤鸡。

舞台旁的工作人员急忙递过小方巾，“快擦，快擦擦，别受凉！”领导接见时，当地梁书记热情地说：“请你们喝汤，东莞最有名！”哈哈，直到现在，我俩还留恋那煲汤的美味！

2017 年，鲜花盛开的 5 月，年富力强的导演小乐策划了“全球华语爱情诗会”，地点在四川成都市金堂县鲜花山谷。

山谷的天气像孩子的脸，一会儿一变。阳光明媚的天瞬间又阴雨蒙蒙，盛装的礼仪小姐立即撑起伞为我们遮雨，同台的嘉宾是著名诗人食指，当年他的一首《相信未来》传遍大江南北。此次相遇，我们向他

与诗人食指
雨中同台

请教：有人将“指”“掌”作为动词读，是否准确？他说：“听说了，那不对，手指、手掌都是名词。”是啊，“我用手指那涌向天边的排浪，我用手掌那托起太阳的大海”，如果你伸出手，手心向下，活动手指，仿佛是海浪涌动；你伸出手，手心向上，仿佛就是海面，多么形象！

江苏常熟古里镇“铁琴铜剑楼”讲堂的剪彩仪式，也逢雨季。因古建筑主人系瞿氏家族，弦和应邀出席，并与我一起朗诵《风流歌》。

场地搭建了大帐篷，风雨无阻。文化部原副部长周和平、古籍保护协会会长刘惠平等专程光临。雨下得很大，帐篷顶上有了积水，工作人员不停地用竹竿排水，仪式没有受到影响。仿佛必须接受瞿氏先辈洗礼似的，我俩走向舞台时，恰逢一团用竹竿顶下的雨水倾盆而下，我们头

江苏常熟古里雨中演出现场

发全湿了。《风流歌》朗诵之后回到观众席，周部长亲切地说：“风流啊风流，头发湿得一绺又一绺，真是老风流！”大家笑个不停。

真正经受风雨考验的是2024年6月30日，在北京卢沟桥广场举办的“不能忘却的记忆”主题交响合唱音乐会。导演全维润指派我们老两口儿朗诵诗人高昌的新作《有一支排山倒海的队伍》，作为压轴节目。交响乐演奏，著名指挥家谭利华执棒。

天气预报全天有雨，傍晚转晴。弦和不服老，逞能地说在卢沟桥演出多次，路很熟，执意自驾。我们中午出发，开始还好，没想到雨越下越大，雨刷开到最快挡，可挡风玻璃瞬间又被雨水覆盖。我不停地说“慢点、慢点，时间来得及”，他还笑：“这才是游车河！”直到驶进指

与文化部原副部长周和平合影

卢沟桥广场“不能忘却的记忆”主题交响合唱音乐会

定停车场，我悬着的心才放下。

走到舞台还要 500 米，雨过天晴，空气特别清新，一顶顶新帐篷显得很宽敞，每个都安装了独立空调。我们吃了盒饭，化好妆，合唱团到场，乐队试好音，就等开演了。

哇，天有不测风云呀！突然大雨倾盆，演奏家护着乐器进棚、音响师遮盖器材……不一会儿，雨水成河，从帐篷边角流进来，从分块湿到成片水，空调停了，照明灯灭了，我俩不停换地方，一步远、一步近，忽而左、忽而右，像跳舞一样，哭笑不得，不禁想起经典歌舞片《雨中曲》，想起演员吉恩·凯利在雨水中的精彩表演。

雨没有停下来的意思。主办方领导依次到每个帐篷慰问，并说气象部门消息是晚 10 点 10 分雨会停，希望坚持一下，大家半信半疑地耐心等待，每个人都在手机上看天气预报。

隔壁帐篷传来男声合唱声《弹起我心爱的土琵琶》，那是著名歌唱家郁钧剑和他的学生在候场。趁照明灯恢复，我们冒雨过去，老友相见，格外亲切，在帐篷化妆间愉快合影。

与歌唱家郁钧剑在帐篷中合影

天气预报真的说对了，晚 10 点过后雨停了，防雨布揭开，乐队椅擦干，抢时间啊！我们俩是年龄最大的演员，影视明星陈逸恒、宗平不肯让我们等到最后，让导演先录我们老两口儿的。可惜乐队总谱来不及调正，无法调整顺序。

凌晨 1 点半，我们才安全抵家。弦和说："还不表扬表扬我？"我说："一般般，还有提升的空间！""言之有理，2023 年在深圳、2024 年在广州，冒大雨去剧场那真是考验。但车不是我开的，那也是雨中曲啊！"

风中寒冷是另一种考验。北京市顺义区仁和镇庆祝新中国成立 75

冒雨参加广州"郭兰英从艺九十周年音乐会"

冒雨参加"交响芭蕾诗红楼梦"演出

周年原创诗歌朗诵会的演出场地是简易剧场，没有中央空调，只有立式空调。那天天气奇冷，风又大，主办方担心堵车，接我们提前到达。一下车，风刮过来，感觉大衣像纸一样薄，走到剧场门口时已经开始发抖。室内空调刚启动，在观众席我俩紧挨空调机坐下，不断用手摩擦着大腿，根本不管用。其他演员让我们到后台，说可能暖和些。但后台是通道，穿堂风不断，比较暖和的角落被隔成更衣室。我们只好拿起后台可用的毯子披在背上，也不敢喝热茶，因为厕所在院子里很远的地方……奇怪，一上场就全变了！忘记了冷，热情洋溢，声音洪亮，我们把《老有老的骄傲》献给了顺义观众。

老两口儿亲身经历“雨中曲　风中情”，真是磨炼了意志，增添了色彩！

严寒中在北京顺义仁和镇演出

我是老司机

瞿弦和

一看这个标题，也许有的读者会说：“吹牛了吧？！”从1988年拿到驾照算起，我的驾龄已经有36年了！

我打小就喜欢车。当年父亲在新加坡华侨中学教数学，他酷爱音乐，小提琴、萨克斯演奏得非常出色，学校的同事、工友都喜欢跟他一起玩儿。华侨中学的校车是美式“大鼻子”车，司机黄先生是我的亲密“玩伴”，我最喜欢他把我放在驾驶座上，尽管两脚够不着地，双手却紧握方向盘，嘴里还不停地喊：“嘀嘀，嘀嘀……”

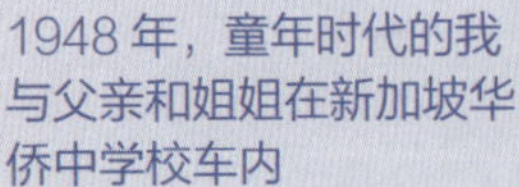
1948年，童年时代的我与父亲和姐姐在新加坡华侨中学校车内

1950年，我随父母归国，住在北京东四的后拐棒胡同，过马路就是公交站台。哇，2路公共汽车也是“大鼻子”车，乘客从唯一的门上下，司机有条皮带绳，汽车启动前，要拽绳子把前门拉上，我总是饶有兴致地观看司机的一举一动。

20世纪80年代，我辅导的第一家厂矿企业文工团隶属于北京汽车制造厂，当时话剧团团长闫敏对我说：“您这么喜欢车，可惜私家车太少，哪天我教您开北京吉普吧！”

北京汽车制造厂话剧团
闫敏团长

在北京吉普旁留影

没过多久，适逢北京市一商局有辆车要处理，我便请闫敏陪我去看看。他熟练地围着这辆蓝色轿车转了几圈，说："这是苏联产的'拉达 2106'，撞坏了前脸、水箱、化油器，更换一下就能开。"他主动帮我办理相关手续，又领着话剧团的团员把车拖走，没过几天，加装副刹车、挂着"学"字头车牌的拉达出现在我面前，兴奋又惊讶的我，站在车前傻笑……

开车的是刘庆生师傅，闫敏介绍道："刘师傅的驾驶技术最好，一心想夺得赛车冠军，让他教您。"在刘师傅的耐心指导下，我和夫人通

在轿车"拉达 2106"旁

教练刘庆生夫妇

过了交规、机械常识、倒库、路考四项考试。拿到实习驾照那天，刘师傅请我和夫人去他家吃炸酱面，他的夫人小玲还准备了我最爱的可乐，没想到可乐气太足，开盖时溅了刘师傅一身！性格豪爽的他边笑边说："好兆头！这叫'异军突起'，文艺界出了会开车的演员！"

成为司机后，我的经历就多了！一次，夫人和儿子去王府饭店见朋友，我主动请缨负责开车。饭店的服务生刚把车门关上，我一脚油门奔向停车位，没承想排气管冒出一股黑烟！从反光镜里，我看见服务生的白手套在黑烟里快速晃动，隐约听到他喊了一声，原本以为是骂我，但从口型推断，他喊的是"烧机油啦"。好尴尬呀！

还有一次在崇文门的十字路口等红灯，车突然熄火，绿灯亮时怎么都打不着，后面的公共汽车不停按喇叭催促。我急忙下车，向公交司机鞠了个躬，又跑到交通岗楼求援，热心的交警帮我把车推到路

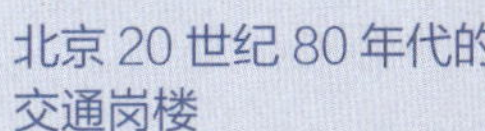

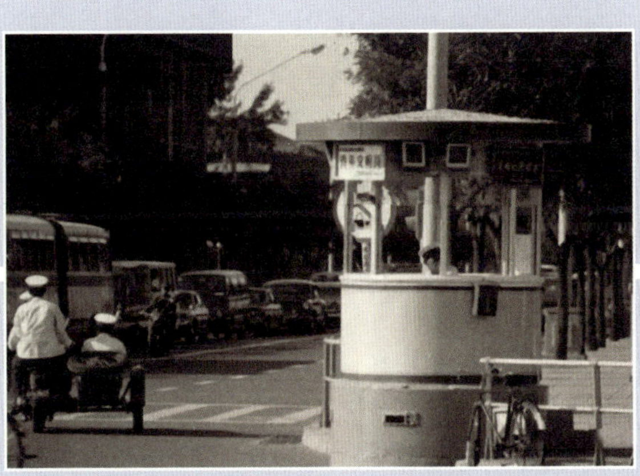

北京 20 世纪 80 年代的交通岗楼

边，他还“不忘”请我出示驾照。“哦，是您啊！”“我买了辆旧车。”交警笑了：“本儿也是买的吧？”我赶紧解释：“我考试都合格了！”交警哭笑不得：“看来您得学学修车。混到这份儿上可不容易，还是换辆车吧！”

我把这段遭遇讲给闫敏听，他耐心辅导：“打开电源，挂二挡，踩离合，待别人将车推到一定速度后，迅速抬离合，启动发动机。”知易行难，下雪天去东单的青年艺术剧场看戏，车又熄火了，我求一位路过的司机帮忙，自己和夫人负责推车。我叮嘱夫人：“要用尽全身力气推车，不能松劲儿。”雪地滑，车很快就打着了，可夫人却趴在地上了，我没忍住，大笑起来。夫人说：“不是让我把重心都放在车上吗，你怎么还笑！”

儿子瞿佳、儿媳张弘

儿子、儿媳买了情侣运动装，真是青春靓丽。出门前，我将夫人亲手缝制的座套套在后座上，就像要外出郊游一般隆重。刚开到东四路口，车又熄火了，儿子、儿媳负责推车。路上车太多，速度起不来，他们边推边聊，人行道边的围观者越来越多，还议论纷纷："看，拍电影呢！那不是《大众电影》封面的张弘吗？在生活里也挺漂亮的……""话说，摄影机架在哪儿呢？"都快拐弯了，车也没打着。

我在中国煤矿文工团工作了几十年，团里的司机马光伟不仅时常帮助我提高驾驶技术，还负责维护团里的桑塔纳；他和车队队长张俊岭更自称"抢修组"，以确保我的拉达能够安全行驶，为此这辆车安装了制冷空调、更换了蓝鸟发动机、油压离合改成拉线离合……夫人鼓励我："有这辆车垫底，你什么状况都能应付！"我信以为真了，飘飘然了，

与中国煤矿文工团司机马光伟合影

以至于不自量力了。某日，光伟来电话，说桑塔纳不慎陷进泥里，让我通知车队前来救援。我拿了条钢丝绳，开着拉达就往现场赶。“您来干吗呀？拉达不够重，拖不动。”我不信，套上钢丝绳，泥坑里的桑塔纳如同圆心，拉达在圆周轨迹上左右打滑……“行了行了，您歇着吧，都快成杂技表演了！”光伟求助路过的卡车，方才顺利脱困。

当然，这辆拉达也有“风光”时刻。1994 年全国政协八届二次会议期间，委员们集体乘车前往人民大会堂，我拿到了临时车证，可以自驾前往。到达停车位，警察要求车停一条线，指挥我“倒倒倒”“上上上”，可拉达的车身短，停车场也没有同类车型，怎么也对不齐。警察放弃了，笑着说：“您不能停这排，开那角儿上去吧。”我也笑了：“马上，马上。”无论如何，我的拉达也算是风光了一把。

老司机也有“走眼”的时候。一次我们俩在“温都水城”参加朗诵会，活动结束后，我们拿上演出服走出大楼。筠英问：“车停哪儿啦？”“太好找了，今天咱们车限号，开的是儿媳张弘的白车，就在大轿车旁边。”我们不费吹灰之力就看见了，筠英疲惫地靠在车头，我用遥控器开门。

怎么？没声？门也没开。试了几次都不行！“哎呀，遥控器电池没电了。”“用小钥匙！”筠英抢着用小钥匙，“怎么那么松啊？”

那天特别热，阳光充足，我开始冒汗了：“附近有洗车店吗？有小卖部卖遥控器电池的吗？”……筠英说：“这车你很少开，问问弘弘。”我毫不犹豫地拨通了国际长途，儿媳妇坚持说不应该啊，从来没有这种情况。我抬头看见对面的轿车里有位司机在休息，我走过去让他用我的

夫人与儿子、儿媳

手机帮我申请救援。等待时，那位司机好奇地说：“您弄的那辆车不应是这种钥匙啊？我给您看看。”走到车前，他一按遥控器，相隔的第三辆白车灯闪了。“是那辆呀！”我们俩不停地笑着，好心的司机帮我取消了救援，我们尴尬地开动了真正的自家车，灰溜溜地离开了。

这么多年过去，我还是喜欢车，享受驾驶的感觉。如今，一坐进驾驶室，我的耳畔就会响起那首歌：“五十岁的老司机，我笑脸扬啊！拉起那个手风琴，咱们唠唠家常呀……”

——本文原载于 2025 年 1 月 19 日《北京晚报》

一个人的车站　一个人的车厢

瞿弦和

哪儿会有一个人的车站，更不可能有一个人的车厢！哈哈，那是2022年疫情期间石家庄开往北京最晚的一趟高铁，我参加“河北省退伍军人建功新时代风采颂”活动后连夜返京，我真是孤独一人！

不只是高铁人少，就连露天广场演出活动，都需戴着口罩。现场女导演杨珍说：“住一夜再回吧！”“啊，不住了，夫人身体弱，我不放心。”于是我从演出现场马不停蹄地前往高铁站。

高铁站台的值班员帮我拍了一张独自候车照，我把它发给了老伴儿和朋友。上车后我又自拍了张只有我一人的车厢照，还没发车，手机里就有了回音，朗诵艺术家曲敬国教授发来几句短诗：

一个人的车站
并不孤单
你奔赴你的奔赴
爱你的人
会把你放在心间

一个人的车站
并不孤单
你尽管
爱你的事业
我们在遥远的地方
给你
近在咫尺的相伴

冷清的站台

空荡荡的车厢

好温暖啊！车静静地启动，我进入一个无声的世界。

人们说，人老了爱回忆，过去的事忘不了，现在的事记不住。此时此刻、此情此景，我却浮想联翩，记忆犹新……

我眯着眼，高铁现代化的车厢仿佛又变成绿皮火车的模样，仰靠的座位似乎硬成直立的木椅，耳边“咔咔咔咔”蒸汽机火车的节奏又出现了……怎能忘呵，婚后分居八年，我和夫人每年都要“享受”宝贵的探亲假，独自一人乘火车往返北京—西宁。冬季不能开窗通风，夏季闷热

筠英和瞿佳

祖孙三代旧照

时抬窗一条缝，煤渣就吹进来了！筠英呀，苦了你呀！你带儿子到青海更难了，抱着孩子腿不能动，膝盖以下都肿了。路过河南新乡还不忘从窗口买一只烧鸡给我。北京到西宁两天两夜的路程啊！每个车站都是沸沸扬扬，每节车厢都是满满当当。哪有一个人的环境？！

我坐在1号座，河北电视台这次活动是纪念八一建军节的晚会。父亲瞿良是八一南昌起义的参加者，但他从不张扬自己，我是从他的遗作《忆八一》才了解了他参加战斗的情景。哇，此刻，父亲戴着眼镜的知识分子模样瞬间变成“身着军装的革命者”……

父亲给我留下的印象，更多的是疼爱家人。他是浙江温州人，金温铁路开通前，温州不通火车，更不可能有高铁。20世纪60年代，他每次回温州探亲，都要乘火车到金华，再转汽车，相当辛苦。可每次

父亲瞿良年轻照

回京，他都会带一个竹皮编织的小篮子，里面装满浙江特产“黄岩蜜橘”，让我们品尝。这对于瘦弱的父亲，可不是件容易的事啊！

英姿飒爽的女列车长在空荡的车厢里巡看，走到我这个车厢里，看到我这个唯一的乘客，好奇地停下来和我说话。当她得知今天我在河北电视台参加的活动，兴奋地说：“退伍军人可是一个英雄的群体啊！我们铁路系统就有退役军人成为铁路调车员，大家都说他们能干又有责任心。我的朋友就在河南焦作上岗了”。

其实，石家庄就有一位部队老领导马润田，他是我的恩人。他曾在青海的军队系统任职，正是他的帮助，我才调回北京，家庭得以团聚。现在他已 90 岁高龄，仍在为公益事业奉献力量。这次本想去看望他，疫情期间未能成行，只能在高铁上祝福他健康长寿。

与退伍军人代表合影

两小时前的庆祝活动又在脑海里出现，河北电视台导演杨珍安排我出场四次，宣读退伍军人赞美词。想着想着，自己又笑了。四段词都以“一”字为题，今天离不开“一”呀！

“一面面旗帜、一枚枚勋章”“一滴滴汗水、一颗颗初心”“一盏盏灯光、一身身戎装”“一场场接力、一次次跨越”。我复诵着四个章节的赞美词，北京南站到了。

与导演杨珍交流

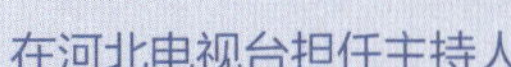

在河北电视台担任主持人

哲理诗中的生活　生活中的哲理

张筠英

层林尽染，丹桂飘香，北京大学在英杰交流中心阳光厅举办2023年教职员工金婚庆典。

我们老两口儿应邀参加，并朗诵哲理诗《老有老的骄傲》。

“……冬天仿佛是人生的写照，冬天觉得，老有老的骄傲。”我们是过了金婚向钻石婚进军的老人，对诗中充满哲理的诗句“人生就像一本厚重的书，就像一首动听的歌，就像一枝多彩的辣椒，就像一坛陈年的酒”有真实的感受，朗诵得很深情，在场的六十对金婚夫妇都很喜爱这首哲理诗。

其实在文化艺术界，恩爱的金婚夫妻也大有人在。著名国画家李燕和夫人孙燕华，著名影视艺术家谭天谦、曹翠芬夫妇，就是其中的代表。我们年纪相近，是同学更是朋友，几十年都保持联系。当我们把《老有老的骄傲》在北京大学演出的照片发给他们时，两对伉俪马上回复。谭天谦、曹翠芬夫妇回信息：“看见你们在北大演出的风采，有感80岁还能宝刀不老精神抖擞为观众献上精品，你们夫妻俩真是为艺术而生的艺术家！”李燕好友则以笔挥毫：“并燕华合祝大安无恙！”他们

在北京大学朗诵哲理诗《老有老的骄傲》

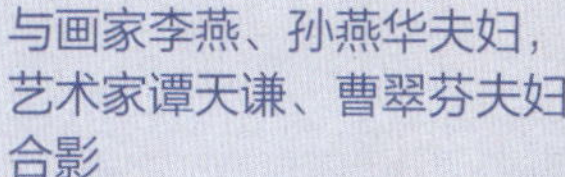

与画家李燕、孙燕华夫妇，艺术家谭天谦、曹翠芬夫妇合影

都认为哲理诗言简意赅，内涵深邃。

是的，人的一生会经历许多坎坷，战胜疾病也在其中，我们也都在鬼门关前经受过考验。

2024年北京电视台春节《养生堂》栏目邀请我们和原煤炭总医院的两位主治医生李长新、杨芳一起参加节目。在医院她们平时都戴着口罩、穿着白大褂，录节目那天，她们穿上漂亮的衣服、化了妆，我们都快认不出了！在这期节目中，我们朗诵了哲理诗《甜的和咸的》：

果汁是甜的

眼泪是咸的

结婚纪念日

在《养生堂》节目中朗诵哲理诗《甜的和咸的》

苦恼的时候果汁由甜变成咸
幸福的时候眼泪由咸变成甜
……

这首诗在《养生堂》栏目中呈现，观众很喜欢，他们说，有知识性、有现实性、有幽默感，还衬托了医患关系。

此诗用词很普通、很接地气，“果汁”“梦想”“乳汁”“爱情”，每个人都体验过，而分别对应的“眼泪”“现实”“海水”“离别”也是人生必然有过的感受。它们一对一，对立又统一，甜的可以变成咸的，咸的也能变成甜的，我们朗诵时也注意了它们的相互关系和因果关系。

我们一起朗诵的哲理诗还有《未必》《微笑》《朋友》……它们都用智慧打动了观众，也可以说，哲理诗是智慧的集中体现。体现人生的经历、人生的寒暑。

河北电视台《中华好家风》栏目中，我们朗诵了哲理诗《未必》：

在《中华好家风》节目中朗诵哲理诗《未必》

“尖形的未必是塔 / 弓形的未必是桥 / 水里游的未必是鱼 / 天上飞的未必是鸟……”短短的十二句饱含着人生观、世界观、价值观，告诉人们要宠辱不惊、战胜逆境、树立信心、勇往直前。

我记得小时候，父亲发现我不高兴，就在玻璃板下压了张字条“塞翁失马，焉知非福”；看到我取得成绩，父亲又会把字条换成“淡定从容，谦虚谨慎”，这样的提示就如同哲理诗，让我永生难忘。

筠英父亲旧照

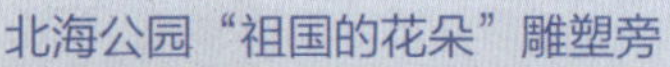

北海公园“祖国的花朵”雕塑旁

我怀念父母，他们给了我生命，教育我成长。小时候我们是不懂事的孩子，他们老了，成了“老小孩”。对他们的孝敬，不仅是责任，更是感恩。对自己孩子的爱可不必提，但首先要把他们当成朋友，平等相待，一切都顺理成章。

我们觉得，朗诵哲理诗，要注意排比句的重音，不能把重音都放在相同的语节之处，如有重复出现的词语，可根据自己的理解和体验强调其中的一处，或在其所处的不同位置处理成重音。还要注意转折的词句，这些是哲理的说明之处，要像老师讲课一样清楚明了，让观众一目了然。在朗诵哲理诗过程中不能没有感情色彩，把自己的体验融进诗句中，就有了感性的补充。

我们在金婚纪念影集中写道：“谁的一生没有沟沟坎坎、没有遗憾？我们是深一脚浅一脚走过来的，但这过程，都是相互搀扶着享受着

在中央台演唱《最浪漫的事》

的，回想起来，也是快乐的。平平安安、健健康康、和和睦睦，我们就满足了。对长辈、对学生、对朋友、对孩子所有的付出，都是应该的，都不要求回报。这样不会有抱怨，不会有责备，而且欣慰愉快。周围的人喜欢你、安慰你、围绕着你……这种快乐是想找都找不到、想寻也寻不着的。这是无与伦比、沁人心脾的快乐！”

多读哲理诗吧，让自己的心灵更充实。

重读毛主席诗词

瞿弦和

毛主席诗词《沁园春·雪》是我非常喜爱的作品，国庆期间解放军北京老干部中心邀我参加大型音诗画“四时之美”的演出，与著名歌唱家袁晨野呈现朗诵与独唱相接的《沁园春·雪》，演奏是中国歌剧舞剧院交响乐团。

在解放军北京总干部中心演出音诗画《沁园春·雪》

青年指挥家金刚要求我朗诵后在压光时退场，待袁晨野演唱后邀我返回再一同谢幕，形成一个音诗画节目。现场效果很好，增添了《沁园春·雪》的辽阔气魄和画面感，并留下了三人同框及交响乐团全景的照片。

与歌唱家袁晨野、指挥金刚一同表演《沁园春·雪》

2024年12月26日，在首都图书馆报告厅举办“毛主席诗词诵读雅集活动”，那天是毛主席诞辰，也是《重读毛泽东诗词》一书由中华书局正式出版。

中国传媒大学李洪岩书记邀我们老两口儿出席并朗诵，我知道洪岩书记有特殊的想法。他知道我们曾朗诵过多首毛主席诗词，而且都曾代表少年儿童向毛主席献过花：筠英是1953年国庆节在天安门城楼上献花，我是1955年党的生日在中山公园中山堂献花。

“毛主席诗词诵读雅集活动”有著名播音艺术家葛兰、冉迪、赵普等出席，在中国传媒大学学生集体朗诵后，我第一个出场，朗诵毛主席诗词《沁园春·雪》，前不久刚与交响乐团合作，它呈现了毛主席高瞻远瞩的伟大气魄。我从 20 世纪 60 年代就能背诵它。我曾在中央电视台与舞蹈演员、戏剧演员共同演绎，也与钢琴、长笛、芭蕾组成“朗诵组合”全国巡演，伴奏形式选择过大提琴独奏、民乐演奏。

此次，我想将其中“江山如此多娇，引无数英雄竞折腰”一句，在普通话后，再用湖南方言重复一下，哪怕方言不够标准，也能唤起对毛主席亲切的回忆……现场观众用掌声肯定了我的尝试。

筠英紧接上场，我一直以为她会朗诵熟悉的《七绝·为女民兵题照》，可她选的是《念奴娇·昆仑》，她告诉我，她喜欢“飞起玉龙

朗诵《沁园春·雪》

三百万，搅得周天寒彻”的气势和“而今我谓昆仑：不要这高，不要这多雪”的幽默感。

[illegible]英上场前问我：“背诵没问题，还拿夹子吗？”我说：“你大病痊愈不久，保险起见，手里有作品，踏实。”她上场后，我一直在侧幕旁守候，目不转睛地盯着她，从头到尾她都没看夹子。主持人敬一丹在后边悄悄拍下这一瞬间，场边的中国传媒大学学生熙熙对我说：“张老师真稳，读得有深度。女中音的音色，听着特舒服！”

我迎着她第二次上场，我说出了李洪岩书记请我们老两口儿来朗诵的特殊想法，在屏幕上展示了少年时代我们向毛主席献花的历史照片，并向大家表态：“为了表达我们的心情，再合诵一首《十六字令·山》。

山，快马加鞭未下鞍。惊回首，离天三尺三。

山，倒海翻江卷巨澜。奔腾急，万马战犹酣。

山，刺破青天锷未残。天欲堕，赖以拄其间。

我们让音响师毛东来在每段之前准备了动画效果：战马嘶鸣、江水涛声、枪炮齐响。同时，在形体动作、手势运用上进行配合。如“惊回首”，两人同向左后方微撤左脚，右手手心向下同按掌，惊讶的眼神看向右上方，再向前方感叹读出“离天三尺三”……参加朗诵会的原国家语言工作委员会姚喜双司长看后发来信息：“您和张老师今天表现非常好！将朗诵会推向高潮！衷心感谢你们的支持！”洪岩书记说：“谢谢瞿老师、张老师，你们无论是从艺术上，还是从经历上，更是从品格上，都给大家留下了难忘的印象！毛主席孙媳刘会长还要你们与她女儿的钢琴演奏配合，重现毛主席诗词的光彩。”

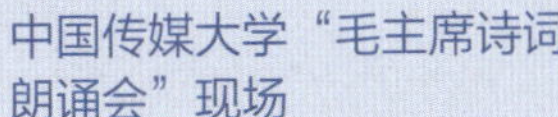

中国传媒大学“毛主席诗词朗诵会”现场

朗诵《十六字令》三首

与姚喜双司长、李洪岩书记合影

观众席上的相遇

瞿弦和

那晚全国朗诵展演，舞台上呈现的是黑龙江哈尔滨的专场诗会，观众席上，坐在我身旁的是位老熟人——中央电视台《激情广场》栏目制片人郝宝智：“您怎么来听朗诵啊？刘璐呢？”

哈尔滨市朗诵协会专场，《激情广场》制片人郝宝智为第二排左六

刘璐是中央电视台《激情广场》的女主持人。郝宝智先生告诉我，刘璐是黑龙江籍，家乡进京的节目她一定要到现场鼓劲，只是身体原因未能前来，让我代表她，替哈尔滨朗诵演员加油。

开演前的几分钟我们聊起往事，郝宝智问："你和刘璐认识好长时间了吧？"

"那是 1977 年。当时她是中央广播文工团的青年演员，在集体朗诵诗人柯岩作品《周总理，你在哪里》时，导演安排她与我八岁的儿子瞿佳一组，每次登台她都领着佳佳，像大姐姐一样，细微周到。"后来，刘璐与曾任全国青联副主席吴英辅结为伉俪，经常在一起参加活动，我们合作的机会就更多了。

我保留着不少我们共同主持的照片，有两张相隔二十年的照片，都和我们煤矿行业有关！刘璐的主持特点是真诚、生活化，煤矿工人喜欢她，首届"中国煤矿艺术节"开幕式和深入矿区的慰问都有她的身影。

我们说起首届"中国煤矿艺术节"，开幕式是在中央戏剧学院排演场举办的。来自全国各地的煤矿文艺工作者齐聚一堂，大多数表演者是人生首次登上这么大的舞台、感受这么耀眼的灯光，都格外兴奋，我和刘璐也很快融入这暖心的氛围，刘璐的一句"向燃烧自己照亮别人的黑哥们儿致敬！"引爆了全场，成为开幕式演出的第一个高潮。

《激情广场》走进辽宁的活动安排在铁法体育馆，还是刘璐与我主持。宝智说："那次我也在现场，太火爆了！"当时，煤炭行业的职工以不同色彩的服装分成不同方阵，每个方阵中都有歌唱家与群众一起演唱，时任铁法矿务局局长张明元看到女高音歌唱家罗宁娜在井下矿工

与刘璐一起主持

方阵中特别高兴，在演出现场我问他："矿工配合得怎么样?"他站起来大声说："还不够，《激情广场》就是黑哥们儿的激情，一定要唱出铁法的精神！"在场的职工顿时欢呼起来，真是震耳欲聋啊！刘璐感慨地说："明元局长就像挥舞着指挥棒，全场发出了最强音！"

刘璐在煤矿井口

我和郝宝智还说起《激情广场》在北京吉利大学的专场。宝智笑着说："忘不了您主持时那两个字！""哈哈，我也忘不了。"当时民办大学属改革开放中的新鲜事物。难忘的是开场主持，脚本上我的词是："今天，我们非常高兴地来到民办大学——北京吉利大学。"现场演出时，面对满操场的大学生，我脱口而出"来到名牌大学"，"民办"成了"名牌"，同学们一齐大笑，紧接着却是热烈的掌声和欢呼声！宝智告诉我，当时吉利大学书记刘艳现场说："这两个字鼓舞了同学们的士气，大家对吉利大学充满了信心！"

"宝智，您还记得在北京农展馆内的草坪上，《激情广场》拍摄俄语歌曲大家唱吗？""啊！可以说那是为著名翻译家薛范老师而举办的。在20世纪，学习俄语的人很多，会唱俄语歌曲的大有人在，薛范老师翻译的苏联歌曲《莫斯科郊外的晚上》就是代表作之一，那天您现场还说了不少句俄语呢！”

那天参加《激情广场》的中老年朋友很多，会拉“巴扬”的朋友背着琴来了，会跳俄罗斯舞蹈的朋友也带着服装来了，薛范老师来到了现场。我有很深的俄罗斯情结，当年，在中央戏剧学院表演系我学习的就是俄罗斯戏剧家斯坦尼斯拉夫斯基体系，从北京二中高中算起共学习了六年俄语，我爱用俄语朗诵俄罗斯诗人普希金的名篇《假如生活欺骗了你》，会用俄语演唱《喀秋莎》，能用简单的俄语报幕……那天真是一次重温。

宝智还曾邀请我们夫妇二人参加了多次《激情广场》的演出，朗诵《我骄傲　我是中国人》更是一次难忘的实践。这是诗人王怀让创作

和夫人在《激情广场》演出

的激情四射的作品，充满了民族自豪感。宝智回忆说："是啊，以前这首诗单人或集体朗诵较多，那次变双人的，我让你们想办法带动现场群诵。"

我们力求丰富语调的变化，避免从头至尾的高昂。因为这次是双人合作，这样处理便于更加清晰地在整体庄重的基础上，增添亲切生活的感觉。在舒缓的语速中，我清楚地读出"黑色的眼睛""黄色的皮肤"。而黄土高原、黄河流水、长城、泰山，朗诵时让观众产生具体的想象。中国的四大发明要引发大家的回忆……每次"我骄傲，我是中国人"都运用了不同的节奏。最后一段，在"我是"两字后留有足够的停顿，再与全场观众一起读出"中国人"三个字！……

与老友宝智的意外相遇，短时间内在观众席上忆当年，写上一篇随笔。

黄浦江畔的诗情

瞿弦和

诗人欧震在一次诗歌活动中对筠英说："你长得很像我妈妈。"仔细看，眉毛和眼睛都属一个类型。"张妈"就成了筠英新的称谓，我自然成为"瞿爸"，欧震夫人女主持胡萍也成了名义上的"儿媳"。

他们小两口儿时常关心我们，逢年过节的问候、新作品的分享，包括欧震名作——长诗《百年交响》，在朗诵会上让我们开篇，都使我们老两口儿充满幸福感。

筠英与欧震、胡萍夫妇

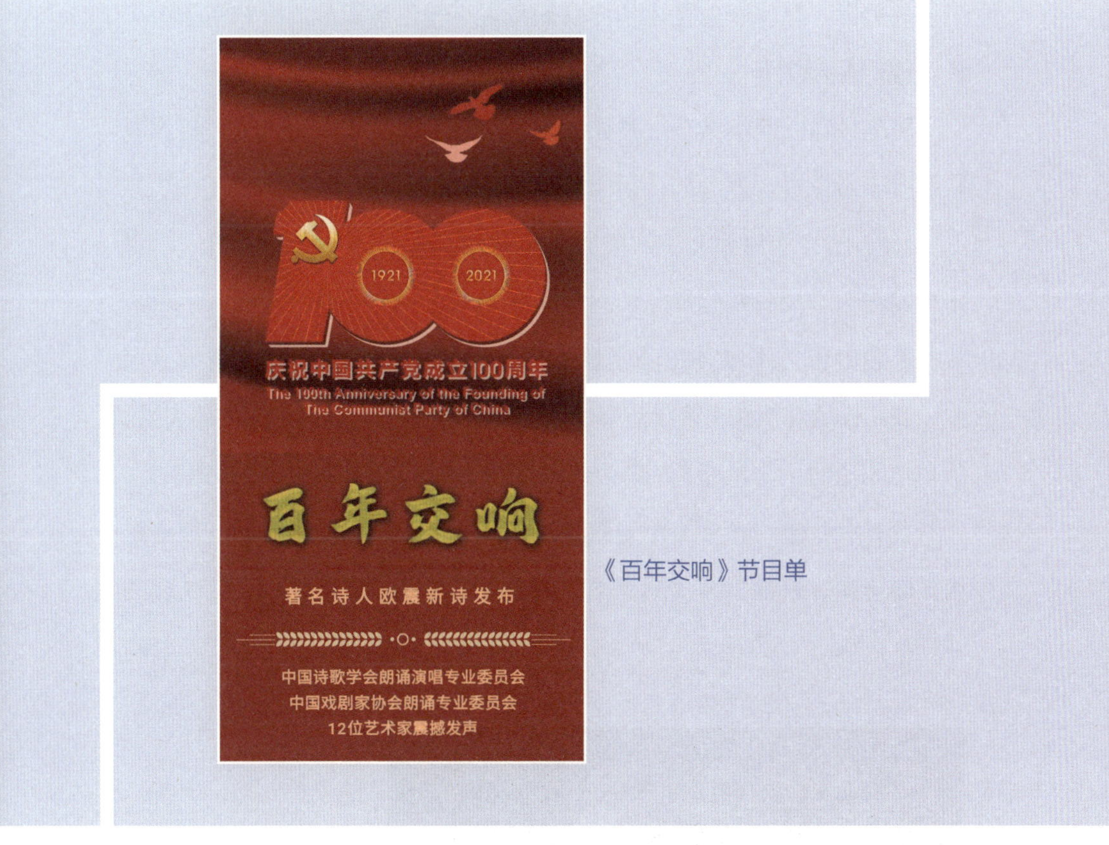

《百年交响》节目单

2024 年，他们在上海举办了“全国朗诵名家系列讲座”，我们的“朗诵艺术漫谈”安排在 12 月，作为收官。

他们在上海高铁站接我们时，竟然进站到车厢门前等候，欧震说：“走的路长，搀着妈。”胡萍不忘补充：“我的主意，我的办法。”途中走到取票机前取纸质票，两位各执己见抢按不同的键，争个不停，互不示弱……像两个孩子在打架，我们在旁笑啊笑啊，从中看到生活中他们小夫妻的剪影。其实一位是才华出众的诗人，一位是优秀的诗歌活动组织者，他们配合默契。

胡萍自驾一辆小红车，驶往浦东。交通繁忙，用时超长。高楼大厦从路旁不断掠过，上海的诗情画意不停涌来。

人们说：“上海和北京的演员朗诵不一个味儿！”什么“味儿”？说不准确，但这让我想起多位熟悉的上海艺术家……

著名电影艺术家孙道临是我崇拜的偶像，更是我的一位老师、朋友。我不仅欣赏他在《渡江侦察记》《永不消逝的电波》等影片中的表演，称赞他朗诵的《琵琶行》，更为他《王子复仇记》中的配音所折服！

我有幸和他一起参加在安徽淮南举行的中美文化交流活动，他头戴西洋骑士帽、自弹钢琴演唱外国民歌引发中外朋友赞叹。他还接受我的

与艺术家孙道临观看话剧《我不离婚》时合影

邀请，在上海观看我团巡演的小剧场话剧《我不离婚》，他不仅现场进行指导，还亲切地与年轻演员合影。我觉得他除了英俊潇洒之外，语言艺术更有独特的“浪漫”。

我很荣幸，经常参加上海的文化活动，感受他们的热情。每次抵沪，上海儿童艺术剧院院长金安歌都会让我品尝“本邦菜”，使我增添了许多饮食文化的历史知识。著名配音艺术家乔榛知道我爱吃“咸金枣”“咸金橘”，让其夫人多次邮寄到北京。

与艺术家乔榛同台

艺术家金安歌朗诵戴望舒的诗（导演张筠英）

上海演播艺术家陈醇是第五届“朗诵艺术贡献奖”的获奖者，他亲口向我讲述过20世纪上海“星期朗诵会”的情景：“从1963年开始，每逢星期天，在上海音乐厅，我、黄宗英、孙道临、白杨、冯喆等都到场朗诵，上海观众特别喜欢朗诵艺术。”“我对鲁迅先生的作品情有独钟，鲁迅墓迁葬我也参加了，我最爱朗诵他的《自嘲》。”陈醇老师91岁寿辰时，我致电祝贺，他用浑厚的声音告诉我：“弦和，我的书出版了，我让他们寄给你。”书没有等到，却传来他突然辞世的消息。我来不及赶赴上海，特委托在沪朗诵家何骁前往龙华殡仪馆向陈老敬献花圈悼念。

与播音艺术家陈醇同台

我还清楚地记得，上海著名话剧艺术家焦晃对我说的“不是所有诗歌都适合朗诵，选择作品很重要”。著名配音艺术家丁建华和我共同在大型音乐舞蹈史诗《复兴之路》中担任朗诵，她对“吐字归音”的严格要求令我难忘……

与艺术家焦晃、
丁建华同台朗诵

胡萍驾车来到朗诵讲座的现场——上海浦东图书馆。站在门口迎候的有许多上海朋友，其中还有我们煤矿系统的朗诵爱好者，来自大同煤电集团的宣传部长张学农，他急着告诉我："在网上申请已没有机会，赶过来碰碰运气！"我们问胡萍："有这么难吗？"他们小两口儿回答："申请听课的人数太多，今天是一年收官的讲座。"

讲座现场

上海的朗诵爱好者不仅以掌声欢迎，还喊着“瞿老师好”“张老师好”，500 个座位真可以说是“座无虚席”啊！在场灯照耀下，上海人讲究的穿着映入眼帘，迎面扑来的是浓郁的黄浦江外滩风情。我们看到演播家陆澄、朗诵家王苏、配音艺术家童自荣等一批专家也来了！

与艺术家王苏合影

在上海浦东图书馆讲座

与欧震、胡萍等艺术家合影

配音艺术家童自荣

讲座安排得很仔细，我们的漫谈由上海大学的吴笑教授一起配合，讲座时还有现场提问、现场点评、现场展示，讲座自始至终气氛活跃。结束时，我们对童自荣老师说："您多指正。"他说："哈哈，终于听到了北京味儿的普通话了。"我们用他出版的书名笑着回答："八十而已！""八十而已！"

真是"风景这边独好"。

“六老朗诵会”后记

瞿弦和

手机响了，显示是陈铎来电。我马上问：“啥指示？”“哈哈哈，瞿叔叔，是我，陈雷，告诉您朗诵会进展。”

陈铎的形象大家都熟悉，满头银发、儒雅风度，人称“资深帅

与艺术家陈铎及其夫人周希珧、儿子陈雷为筠英过生日

哥”，他和虹云一起主持的《话说长江》节目家喻户晓。他的儿子陈雷一直从事语言艺术的推广和提高，以“朗诵会”命名的平台就是他操办的。陈雷个子很高，像父亲一样风流倜傥。只是头发有点稀疏，民间说法是“营养过剩”。

“六老朗诵会定在国图音乐厅，场租在协商。”“辛苦啦，别着急。”陈雷抢着说：“不急不行啊，殷之光伯伯天天来电话，还说原来计划是十老，一拖再拖，十老变九老、八老、七老、六老，再不办，我也走了。”

是啊，朗诵界辞世的四老是周正、曹灿、张家声、方明；健在的六位是三位男士三位女士：殷之光、陈铎、雅坤、虹云和我们老两口儿。

周正老师是北京人民艺术剧院的表演艺术家，也是对我从事话剧艺术有极大影响的人。当年我随父母到中国儿童艺术剧院观看的话剧《仙笛》，就是周正主演的。散场时我对妈妈说：“扮演男主角什万达的演员真棒，声音特别好听，将来我就想像他一样！”

没想到，后来我真的和周正老师同台了，还向他讲述了我少年时代的崇拜之事，他高兴地请我们夫妻到他在西城区砖塔胡同的家中，师母还特意做了“拔丝苹果”。

拍摄《世纪诗人——徐志摩专集》时，我们请他朗诵《山中》一诗，并特地到他家中拍摄。坐在轮椅上的周正老师，声音还是那样浑厚，倒背如流地诵完原诗。只是因患有帕金森综合征，抖动的手臂不停出现杂音。周正老师反复地说：“质量不好就别用。”

经过技术处理后，终于可以播出了！电视台播出的当天，我想提前通知周正老师观看，电话接通，他女儿周梅说：“爸爸凌晨走了……”

与周正老师合影

与艺术家周正、张凯丽、方舒同台

曹灿老师比我大一轮，都是属猴的。他是原中国青年艺术剧院的表演艺术家，非常信任我，我一退休，他就把朗诵研究会的重任交给我。他与病魔顽强斗争，经历几次大手术，他最后一次过生日那天，我们夫妻和姜昆等好友到医院看望他，吃了生日蛋糕，他还录制了对朗诵界年会的祝福视频。第二天全国朗诵雅集在北京广播大厦举行，在准备播放

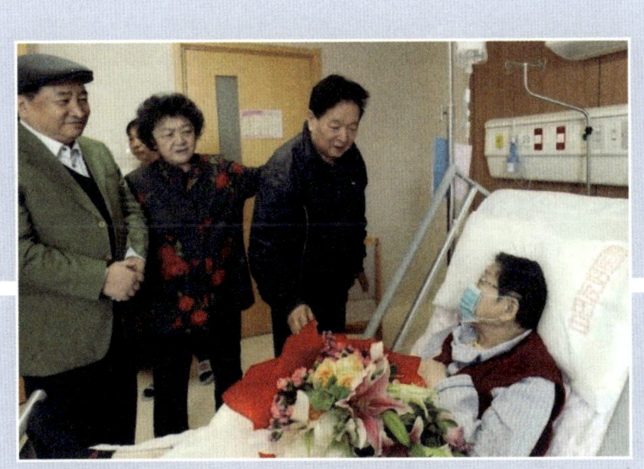

为曹灿老师过生日

曹老师祝福视频之前，突然接到曹老师儿媳王丹来电，曹灿老师辞世，享年 87 岁……

原中央实验话剧院的表演艺术家张家声是我们俩的师哥和近邻，以前在东四牌楼附近我们经常相遇，他爱跟我们聊天，我俩也经常和他开玩笑。他声音独特、语言节奏鲜明，是中国传媒大学的客座教授。他病重住进北京友谊医院，我俩去看望他时，躺在病床上的他格外高兴：“你们俩来了？开车了吧？等我输完液，搭你们车回家，明天我还要讲课呢！”其实，他是意识糊涂了！身上插满输液管，根本动不了。正在这时，前来探视的青年朗诵家胡乐民走进病房，家声老师马上说：“来了？开始上课吧！”小胡只能顺从地在病床前开始为病中的家声老师朗诵……

与周正、曹灿、张家声、全维润在一起

播音艺术家方明老师身体一直很好，同台演出空闲的时候，他总会为大家展示蹦台阶，成功到达上面一个平台，他脸上就会绽放笑容。他博学多识，字音规范，在国家审音委员会的会议上，我特别喜欢听他的发言，平时遇到读音疑惑时，也会打电话向他求教。后来，他身体出了问题，但依然坚持参加活动。在天津“团泊洼诗会”上，我又见到方明老师，他脸色欠佳，我悄悄劝师母杨玲要格外注意他身体的变化。杨玲老师说：“他自己坚持来，他真喜欢朗诵，新背诵了许多篇作品……”

四老怀着对朗诵的热爱先后离世，是朗诵艺术界的重大损失。殷之光老师对“六老朗诵会”的盼望，也是朗诵界共同的心愿。来自戏剧、影视、主持、播音、教育领域的朗诵艺术家早早来到国家图书馆，北京近50家群众朗诵团队代表也在国图音乐厅门前云集，等待“情暖重阳岁月之声”朗诵会开演。

“六老”同台

与艺术家方明、李野墨、孙悦斌在“齐越节”上合影

与艺术家张家声、曹灿、方明、虹云同台朗诵

就在“六老朗诵会”上，殷之光老师在击鼓朗诵《满江红》时向后摔倒，观众惊呼，大家都为老艺术家担心，同时也感受到艺术家为朗诵艺术献身的精神。

朗诵艺术需要奉献精神。它有广泛的群众性，门槛低，喜爱者多。它没有丰足的经费，没有耀眼的灯光，更没有走红地毯的风光，但它能抒情达意，能表达实现中国梦的理想，能使青少年热爱中华优秀的传统文化，让我们共同努力吧！

绿色之恋

瞿弦和

说到“绿”，人们都会想起著名作家朱自清的名篇《绿》。

我在浙江温州朗诵这首作品时，温州市朗诵协会会长王丽，安排舞美人员在背景大屏幕和边缘彩屏上展示出“梅雨潭”美丽的绿色风景，我的绿色西装上衣、绿色领带也颇受好评。

但在朗诵会上，不是所有导演都选用这套演出服，国家话剧院著名导演李伯男就是其中之一。第一次与他合作，是2022年中秋之夜诗剧

朗诵朱自清作品《绿》

《传宋·千古风流》的演出。

他让我和夫人张筠英在演出中担任宋词朗诵，不用扮演人物，让我发几张演出服的照片给他。

绿色西装上衣肯定是我的首选，因我酷爱绿色，中央戏剧学院当年的校徽下边就是绿色横条，它象征着舞台、青春、美好、希望！何况这件演出服是儿子在国外给我买的名牌，不仅合身而且版型好，显瘦。伯男导演却说“中西式都带来，现场定”。

与我们夫妇同行的还有朗诵艺术家雅坤、刘纪宏和浙江话剧团的名演员宋迎秋、高伟伟，大家在同场调度中朗诵宋代名篇。六人穿上不同样式服装站上舞台，伯男导演当即拍板，定下我着黑色西服、淡紫色衬衫、紫色领带！夫人大声说：“导演，你太棒了，不能总穿绿西装，他太痴迷绿色了！年轻时，单身宿舍墙壁家具是淡绿色的，西服、衬衫、领带、袜子也多是绿色，就差顶绿帽子了！”伯男笑了：“这次有你们夫

与艺术家雅坤、刘纪宏、宋迎秋、高伟伟同台

妇二人合诵文天祥作品，他这身黑紫基调与您的紫色上衣正好搭配！”

伯男的考虑是有道理的。诗会作品从岳飞开始，到陆游、辛弃疾，再到文天祥收尾，六位演员不同色调的服装搭配得非常得体。“尘也风流、痴也风流、志也风流、魂也风流”，豪迈激昂、慷慨悲壮的爱国名篇接连呈现在观众面前，9 月 10 日晚，浙江话剧团艺术剧院一票难求，还有 57 万人线上共赏。

谢幕时，雅坤老师问伯男导演：“第三首我差点没接上，看出来了吗？”

与李伯男导演（右三）合影

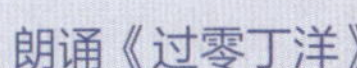

朗诵《过零丁洋》

“前来观看演出的一位编辑当场就夸我，你这个停顿处理真棒，先无声静场，再由张老师儒雅地点头示意，雅坤老师再开口……我笑着解释，那是张老师救场！我可设计不出这环节！”

第二天（11 日）我们即将踏上返京的路程，早 7 点我突然发现手机上的健康宝弹窗！哎，我们天天做核酸，演出地点也不是疫区呀，而同行的雅坤老师、同住的夫人张筠英二人却正常，一直说“这不可能”的同台艺术家刘纪宏却与我的情况相同。

心想有杭州核酸阴性证明进高铁站应该没问题，但我和纪宏刷身份证时均显示红灯被拦，两位女士顺利进站。幸亏浙江话剧团演员李钺陪伴，帮我们拿着浙江话剧团赠送的大礼包肉月饼，我才能腾出手擦汗。几经交涉，管理人员要求我们退票，等健康宝变回绿码再另行购票。

我们只能让两位女士先回北京，对夫人筠英交代一番……小李怕我们年事已高太累，帮我和纪宏去退票，因他操作我手机受阻，又走出售票大厅找我，不知怎么，此刻我的健康宝又返绿啦！

8 点 49 分开车的高铁，只剩 15 分钟了，小李当机立断：“瞿老师，赶过去！”

78 岁的老人，踉踉跄跄地跑步啊！竟然在关闭站口之前跌跌撞撞地赶上了。

无奈，纪宏只能留下，仿佛是上天安排，山留水留人更留。

多愁善感的纪宏一个人被留下，心里很着急。可能是他的级别较高，格外被重视，直至下午 6 点他的健康码才变绿！

绿色信号多么可爱。纪宏不再坐高铁，敏捷地赶到老火车站，登上

与艺术家雅坤、刘纪宏参加诗剧《传宋·千古风流》时合影

开往老北京站的最后一班动车返京！

纪宏在车上气喘吁吁，电话里的声音，充满了对旅途的体验，他说："你喜欢绿色是对的，我也会开始追寻它，与它形影不离。"

绿色、绿色，我们爱你。

我的诗与远方

瞿弦和

“亮丽北疆”“缅怀始祖”“诗意凉州”“大美伊犁”几次活动，让我插上诗的翅膀，飞向远方，在内蒙古准格尔、陕西黄陵、甘肃武威平凉、新疆伊犁州感受到朗诵艺术的魅力，更看到人们对朗诵艺术的喜爱。

在内蒙古神东天隆集团创业二十年庆典中，导演李俊男构思了开场节目——集体朗诵《我们是太阳的后裔》。

准格尔有丰富的煤田，我是煤炭战线的文艺工作者，对煤矿有特殊感情，导演安排了八位来自一线的煤矿职工，身着工装，与我站成一排，在交响乐演奏中朗诵著名诗人段晴的新作：

如果有人来问我/
这矿山蕴藏着多少时光/
我就骄傲地告诉她/
这里的每一条巷道/
都与岁月等长……

我没想到，每一位员工朗诵得如此投入，他们热爱自己的岗位，眼中闪烁着对生活的憧憬，他们底气十足、声音嘹亮。我问他们：“学

在准格尔煤田朗诵

“亮丽北疆　大美准格尔”2024 准格尔旗新年朗诵交响音乐会

过？”他们回答：“有时间就在一起练，我们对朗诵都有兴趣！”

首届金话筒奖获得者内蒙古台主持人张浩和夫人蒙古族优秀女主持赛娜邀赴准格尔参加“亮丽北疆　大美准格尔”2024 准格尔旗新年朗诵交响音乐会，担任演奏的是久负盛誉的中国歌剧舞剧院交响乐团，来自北京的 17 位艺术家担任朗诵者，受到热烈欢迎。我与琵琶演奏家刘恋再次献上《黄河之水天上来》。

与主持人赛娜合影

向西，我和董少敏、王欣等人赴陕西黄陵参加“缅怀始祖　诗赋龙乡”诗词诵读会。我们拜谒了中华始祖轩辕黄帝陵寝，感悟了“人文初祖”在中华民族历史中的地位及对中华文明的奠基作用。

当我在舞台上朗诵苏轼的《念奴娇·赤壁怀古》时，对“大江东去，浪淘尽，千古风流人物”有了更多的理解，语气加重了，增加了沉稳和感叹的成分。

向西，我、张秋歌、徐涛、温玉娟等人赴甘肃武威参加诗会。武威是一座历史悠久的城市，但朗诵会现场更使我惊讶的是青少年对古典诗词的热爱与熟悉。在舞台上我提议大家一起朗诵明代诗人张恒的《凉州词》：

垆头酒熟葡萄香，

马足春深苜蓿长。

醉听古来横吹曲，

雄心一片在西凉。

“缅怀始祖 诗赋龙乡”颁奖典礼

祭拜黄帝陵

朗诵《念奴娇·赤壁怀古》

与艺术家董少敏、王欣合影

我读四个字，全场青少年就准确读出后三字，还能齐诵一遍。他们没有诗稿，却倒背如流！

我在朗诵著名诗人王登渤的新作《诗意凉州》之前说：“诗很长，需要七分钟，我 80 岁了，但想为大家背诵。”话音未落，台下竟然欢呼起来，这是对老年人的鼓励，更是对“背诵才能表情达意”的理解！当晚诗人王登渤在电视采访中说：“我为瞿老师的敬业而感动，他的处理更超出了我很多的想象。”

“诗意凉州”朗诵会

与艺术家张秋歌同台

甘肃武威诗会演员合影

与当地文化界座谈时，一位女领导向我挥挥手说：“没认出来吧？我是文化和旅游部到甘肃挂职的龚佳佳！咱们一起去的塔吉克斯坦的杜尚别。”“想起来啦！参加上合组织首脑会议开幕仪式演出，我代表中国朗诵了《论语》中的《学而》。”她还从电脑中调出当年在国外演出的工作单，高兴地说：“今天真是有朋自远方来，不亦乐乎！”

向西，没过多久，我又乘飞机飞往新疆伊犁参加 70 年州庆“盛世华章韵　大美伊犁情”诗歌音乐会，上次在伊犁演出，是州庆 50 周年，我和董卿一起在伊犁新源县那拉提草原主持了州庆晚会。像地毯似的绿色草原，油画似的印在脑海中。转瞬之间，20 年过去了。

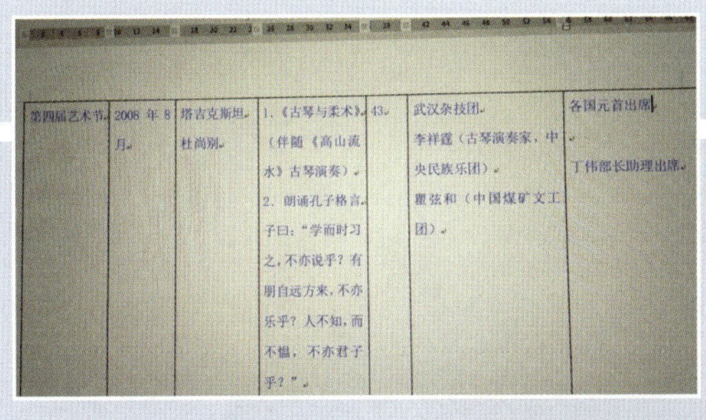

第四届艺术节	2008 年 8 月	塔吉克斯坦杜尚别	1.《古琴与柔术》（伴随《高山流水》古琴演奏） 2. 朗诵孔子格言。子曰：“学而时习之，不亦说乎？有朋自远方来，不亦乐乎？人不知，而不愠，不亦君子乎？”	43	武汉杂技团 李祥霆（古琴演奏家，中央民族乐团） 瞿弦和（中国煤矿文工团）	各国元首出席 丁伟部长助理出席

在塔吉克斯坦演出工作单

“盛世华章韵　大美伊犁情”诗歌音乐会

伊犁电视台女主持李勤领我走进宾馆——突玛丽斯大饭店，迎面映入眼帘的就是风景如画的装饰，各种民族乐器摆列两旁，客人们随意品尝的新疆水果摆放在盘中，而房间里的饮料是略带酒味的“格瓦斯”……

在伊犁台演播厅，我朗诵的是毛主席诗词《沁园春·雪》。我发现前排有一位汉族中年人，演出后他找到我说，他来自北京，名叫董湘辉，酷爱朗诵。多年前在北京就听过我朗诵这首诗。他现正在伊犁发展，办了两家民宿，很受欢迎。他说：“我仍经常参加朗诵活动，各民族的朋友聚在一起，我和他们都朗诵过这首诗，今天听您对‘千里冰封’的‘千’字和‘万里雪飘’的‘万’字进行对比，我可以和朋友交流啦！”

朗诵《沁园春·雪》

与创业者董湘辉合影

新疆喜爱朗诵的朋友很多，女企业家霍铭涵和她的孩子每场诗会必听，遗憾的是此时她不在伊犁。

庆典活动结束后，李勤安排我去伊犁河畔留影，再去伊宁市亚历山大手风琴博物馆参观，伊宁市文联主席、馆长吴兰一行在门前迎候。这

与企业家霍铭涵合影

与伊犁文联领导合影

伊犁河畔留影

在伊宁市亚历山大手风琴博物馆留影

里真是不可错过的宝地，800 多架各个时期的巴扬手风琴陈列其中，各架琴都有自身的收藏故事。特别是馆中还有个小舞台，可以现场欣赏手风琴演奏。我对馆长说：“这里还可以举办小型朗诵会！”吴馆长笑了：“我们都喜欢朗诵，是您的粉丝！”一位帅哥背着手风琴走上小舞台开始演奏，两曲之后，我对吴馆长说：“咱们一起唱俄罗斯歌曲《喀秋莎》吧……”中文、俄文各唱一段，好激动呀，仿佛又回到那个难忘的时代。

热情的李勤傍晚又带我们前往伊犁六星街的网红“阿娜尔罕餐厅”，人头攒动、车水马龙，真是“车位难寻、座位难求”。落座之后，又与朗诵爱好者相遇，这次是来自医院的大夫：“您来参加朗诵会的吧？州庆 70 周年，很多单位都举办诗会呢！”

啊，诗歌朗诵的群众基础如此深厚，我坚信：诗与远方将扎根中华大地肥沃的土壤。

与李勤、任志宏合影

粘胡子

瞿弦和

按“小生”的标准，我考入中央戏剧学院表演系 61 班。但大学毕业剧目是话剧《青松岭》，我扮演主角张万有，第一次塑造老年形象。著名化妆师李德权老师为我设计了人物造型。

戴上头套、粘上胡子，中式农村服装和腰带，手持赶大车的长鞭，我在东城区小经厂的实验剧场完成了首场演出。

扮演张万有剧照

大学毕业奔赴大西北

妈妈看完演出，见到我说的第一句话是“太像你外公了”！大姨没到剧场看演出，事后看到剧照，连声说：“太不可思议了。”

翻看外公照片，我和外公不仅深眼窝高鼻梁一致，化妆的胡子形状也仿佛是复制的。同学们开玩笑说：“嘿嘿，戏路子宽了，粘上胡子，演老头儿也有优势！”

走上工作岗位后，在话剧《夜海战歌》中扮演老阿公、在历史剧《赵武灵王》中扮演武灵王，直到退休前在话剧《打春》中扮演李鸿章，我都离不开粘胡子。

2012年退休了，以为再不会化妆粘胡子、不会接触胶水啦，但就像“命中注定”似的，中央电视台、北京电视台、教育电视台都让我重新

古希腊悲剧《特洛亚妇女》饰卫队长

历史剧《赵武灵王》饰武灵王

话剧《打春》饰李鸿章

体验了一把。

2022 年，中央电视台《诗画中国》导演之一，现北京人民艺术剧院副院长唐烨让我参演介绍明代唐寅作品《柴门掩雪图》这一期。

这次的任务很奇特，由青年舞蹈家李响饰演画左赶考书生 ，我饰演画右下小船中的老者，并诵读画右上端的题画诗：

柴门深掩雪洋洋，
榾柮炉头煮酒香。
最是诗人安稳处，
一编文字一炉香。

化妆师按我的头围编织了头套，并将胡子、眉毛配套粘好，整整两

中央电视台《诗画中国》
现场剧照

个小时呵！

我一直对粘胡子的胶水有些抵触，觉得不舒服。我问化妆师："现在的胶水是不是改进了？""先进多了，不用抹太多，不刺激皮肤。既结实，卸妆也容易。"他们还准备了明代特有的帽子，道具师备用了一根没有装饰的竹竿。拍角色照时，我自己非常兴奋，增添了创作信心。

北京电视台导演卢晓南执导北京永定河文化节开幕式，派我朗诵元代作家马致远的《天净沙·秋思》——"枯藤/老树/昏鸦，小桥/流水/人家，古道/西风/瘦马，夕阳/西下，断肠人/在天涯。"朗诵时，不仅有交响乐团现场演奏，还根据历史资料在大屏幕上呈现诗人马致远的形象。

开幕式在原首钢炼钢车间录制。化妆师小尹对我说："您看见了

永定河文化节现场

吧？大屏幕上元代马致远的样子，咱们粘的胡子，形状和颜色必须大致相似。”

两绺胡子是黑色的，头套也是黑的，顶部用深蓝色头带。小尹边粘边对照电脑中的资料，力争符合历史人物。

《天净沙·秋思》全曲五句二十八个字。语言极其凝练，结构精巧，顿挫有致，断句必须准确。

连排时，有位年轻男演员悄悄问我：“老师，能不能在‘断肠’二字之后停顿，把‘人在天涯’读成词组？”我毫不犹豫地回答：“不可以，‘断肠人’是指漂泊天涯的游子，不能分开。”看来朗诵历史名篇，不能只考虑化妆造型，重要的是理解作品，才能准确表达。

教育电视台“龙娃闹新春”晚会是中国少年儿童艺术基金会为孩子

教育电视台“龙娃闹新春”活动

们打造的，总导演阚丽君在电话里特意说："让您扮演'龙爷爷'，选了一男一女两个大眼睛的'龙娃'与您配合。"

化妆师拿出设计图，哈哈，这回是全白！头套及胡子均为银白色。化妆师很熟练，当她发现尺寸恰好时，笑着说："这次没新做，凭我对您的印象挑了一套。"我反问："万一不合适呢？""头套还有一大一小备用。"从镜子里看，这个龙爷爷挺可爱的！站在旁边的两个小龙娃亲切地喊着："龙爷爷好！"他们像见到亲爷爷似的拉着我走上舞台，一段讲述历史的片段一遍就过了。现场导演大声说："太棒了，真像！龙爷爷这胡子推近景都没问题。"

后来，我想粘胡子都粘不成了！北京电视台纪实科教频道《少年朗读者》邀我们老演员和孩子们合作，我问导演之一、中国传媒大学研究生蔡钰婷"要粘胡子吗？"她平静地说："不用。""那穿什么服

北京电视台《少年朗读者》现场照

国家大剧院“艺起向未来”活动现场

装？”“生活装。”原来他们准备了一把靠椅，“孩子们站着，你们坐着，你们可以靠着椅背，孩子们还能围着……”年龄感一下子就有了！

2025 年新年，国家大剧院少儿艺术班汇报成绩，在小剧场举办“艺起向未来”演出，导演孔德邀我当嘉宾。我以为又是在舞台上有把靠椅。嘿，这次更方便了！我坐在观众席的第一排，一对双胞胎姐妹边喊爷爷边跑来提问题引我上台……哈哈，80 岁啰，不用粘胡子也是老头儿啦！

——本文原载于 2025 年 3 月 16 日《北京晚报》

红色诗歌在当代

张筠英

弦和驾车与我一起前往北京首都机场，去沈阳参加张晓丽导演策划的“致敬经典　礼赞祖国”名家名篇朗诵会，她指定我们老两口儿再次朗诵《红船的方向》。

我提醒他：“别忘了新加的关于扶贫的内容。”

在沈阳朗诵《红船的方向》

“忘不了！这首诗演了 20 多年了，每次都有新加的诗句。”

“2001 年去嘉兴，文联的活动，背景是南湖红船。”

“晓丽导演电话里告诉我，这次在沈阳盛京大剧院，让咱俩在两个平台上，从左右两端移动上场……”

红色诗歌我们记忆犹新，我们俩合作了多首：黄福观、燕翎创作的《红船的方向》；杨建业创作的《献给北大红楼的礼赞》；何平创作的《从石库门到天安门》；著名诗人欧震的代表作《百年交响》。

在嘉兴朗诵《红船的方向》

在上海图书馆举办的朗诵会

《红船的方向》几乎是每年七一党的生日那天必读的。每次都有不同的记忆。在北京天桥艺术中心的舞台，背景是鲜红的党旗，具有浓厚的庄重感；在清华大学礼堂演出，背景是南湖红船及十二位共产党人的油画，充满历史的现场感；在哈尔滨“冰雪大世界”的多层舞台上及井

在清华大学朗诵《红船的方向》

在天桥艺术中心朗诵《红船的方向》

在哈尔滨“冰雪大世界”朗诵《红船的方向》

在“中华好童声”活动上朗诵《红船的方向》

冈山“中华好童声”活动中朗诵此诗，我们俩为观众对作品的理解感叹：读到湖面、稀薄、秘密等词句，运用缓慢深沉的处理，广场上观众静寂无声，仿佛一起回顾难忘的时代，而读到高潮“红船罗盘始终对准太阳升起的地方”，群情激荡。他们理解了诗的主题——共产党是各个历史时期指明方向的引路人。

我与弦和还曾受中国作协何建明书记指派，一起赴上海图书馆参加“红星照耀中国”上海图书馆之夜活动，朗诵《从石库门到天安门》一诗。此诗描写了革命烈士不怕牺牲与敌人斗争的场景。诗句很有特色，其中“闷热的季节”“码头工人弯腰弓背的姿势”“凝固成一个时代被压迫的雕像”，形象生动，我们配合《国际歌》的旋律，将诗推向一个高潮。另一段“一个拳头，又一个拳头，无数个拳头向她庄严宣誓”“一颗头颅，又一颗头颅，无数颗头颅为她慷慨赴死”，我们用男女重复和

在上海图书馆朗诵《从石库门到天安门》

轮诵来显示动感的群众性。

双人朗诵《献给北大红楼的礼赞》是在东城区图书馆“曹灿杯”展示活动中演出的，后来又在中轴线前门楼临时舞台上再次朗诵。这首诗歌颂了革命历程中共产党人的功绩：共产主义小组、五四运动、新青年……我们俩特别突出了其中这一句：“中国第一次叫响了，崭新的、注定会改变中国、改变世界的名字——共产党。”我们觉得这是北大红楼成为爱国主义教育基地的伟大意义。大屏幕是真实的北大红楼旧址，我们两位既是瞻仰者，又是讲解员。

诗中对毛泽东在北大红楼的工作，进行了历史性回顾，我们轻声而缓慢地叙述，然后语言节奏加强，直至井冈山、天安门的红旗飘扬，我们才表现出其从普通到不普通、从平凡到不平凡的领袖风范。

受大家喜爱的诗人欧震创作的《百年交响》也是红色诗歌的代表作。它将红船、雨花台、雪山、长城、纪念碑、军号、戈壁、木桨、窗

诗人杨建业创作的朗诵
《献给北大红楼的礼赞》

口、新时代十个地点、时间和实物拟人化，均以第一人称“我”出现，形成诗的交响。

欧震、胡萍夫妇打来电话，希望我们协助邀请全国不同地区不同门类的代表参与录音，包括影视、戏剧、主持、演播领域，他们夫妇也参加录音。我们根据每人的特点和音色提出建议，分好段落，我们老两口儿承担了序幕和尾声。播出后反响热烈，这些演出也成为全国各地的参考。

在山东济南，播音艺术家景然，以“百年交响”为名，策划了舞台朗诵会。我们俩率先出场，音乐声中，纱幕上呈现出满天星斗，在追光里我们开口：“仰望满天星斗，它们眨着眼睛，仿佛一个个闪光的文字。”纱幕缓缓升起，朗诵继续：“叙述着这个百年的故事……”观众感受到一部史书翻开，红色诗歌回响！

红色诗歌新作《江山赋》（作者江必新），在中央歌剧院剧场演出

闪 诵

瞿弦和

闪诵，不是闪送。

闪诵，顾名思义，公益性快速接力朗诵。一天之内大家分句共诵同一首作品，用手机将录音发来，由编辑快速组编完成。

2023 年，诗歌《假如让我自己选择》就是闪诵的成功尝试。

诗人是家喻户晓的词作家瞿琮，歌曲《我爱你中国》的作词人。他任总政歌舞团团长时，我们常在一起开会，因属瞿氏宗亲，年龄相仿，感觉格外亲切。我朗诵过他的短诗《瞿麦花》：“瞿麦花，是母亲的花……人间最美的女人是妈妈！”深情的诗句，在几十万瞿氏宗亲心中回荡。

当我看到他的诗作《假如让我自己选择》，心底涌上无限的冲动，视野之广阔、激情之饱满，洋溢在字里行间！

我萌生了“闪诵”之愿望，此诗不仅是戏剧人共同的心声，而且韵脚鲜明，适宜朗诵。

我根据诗的长度向 40 余位话剧界的同仁发出邀请，时间是上午 7 点半。他们分属全国 35 家院团，其中有 10 位院团长。哈哈，不出所料，所有人都及时回复，积极响应，无人询问录制劳务，回应的电话难以忘怀：

濮存昕：“我在医院守护老人，只能在洗手间录，声音会受影响。”（后未采用）

张凯丽：“这场拍完马上录。”

张秋歌：“老哥，你太信任我了，录第一句，这是定调啊？！”

常汝言：“我和张玉玉都在天津呢，不用问，肯定是你的主意。”

苗　博：“师父，有这种机会多叫着我。”

吴林玲：“名单里我最小，难得的机会！”

……

看一下这份名单，就可知分量之重、范围之广，不仅具有代表性，更能看出话剧演员是多么喜爱朗诵。

朗诵者：

中国国家话剧院：张凯丽、张秋歌、王卫国、杨　青、佟　凡

北京人民艺术剧院：严燕生、孙　星

原总政话剧团：刘纪宏

原空政话剧团：温玉娟、吴京安、杨树泉

原海政话剧团：王庆祥

原战友话剧团：洪　涛

原火箭军文工团：苗　博

中央戏剧学院：张筠英

中国儿童艺术剧院：王俪桦

中华全国总工会文工团：王　毅

中国铁路文工团：张玉玉

中国煤矿文工团：瞿弦和、郭凯敏、杜宁林、贾雨岚、何恺鹏、白　蓓

上海儿童艺术剧院：金安歌

上海译制片厂：曹　雷

广东省话剧院：姚锡娟

天津人民艺术剧院：常汝言

武汉人民艺术剧院：鄢继烈

辽宁人民艺术剧院：顾玲玲

山东省话剧院：董　旋

山西省话剧院：张　晶

河南省话剧院：于同云、王　磊

陕西人民艺术剧院：蒋瑞征

浙江省话剧院：宋迎秋

江苏省话剧院：郝　光

四川人民艺术剧院：董　凡

福建人民艺术剧院：吴林玲

安徽省朗诵协会：鲍远明

中国国家大剧院：赵　岭

聆响行歌：徐　涛

八一电影制片厂：宋春丽

北京电影制片厂：臧金生

新文艺群体：胡乐民、金　锋

当日晚8点，40余条《假如让我自己选择》的分句朗诵录音从每人的手机发来。惊喜的是，基调完全一致！音乐编辑洋洋连夜完成，第二天就在朗诵平台上播放。现任中国剧协副秘书长王春梅当时高兴地说："朗诵专业委员会的凝聚力这么强，太有意义了！"

为了将这次"闪诵"铭记，我将当时的分句方案呈现，并附上艺术家照片。

假如让我自己选择

瞿　琮　作诗

（集体朗诵）

（国家话剧院张秋歌）假如让我第二次诞生，

假如，让我自己选择，

我还是要诞生在你的怀抱中，

我的母亲——中国！

（国家话剧院张凯丽）我见过落基山脉的峰峦；

我见过阿尔卑斯的沟壑；

（国家话剧院佟凡）我见过乌拉尔山的陡峭；

我见过安第斯山的巍峨；

（国家话剧院杨青）我漫游澳大利亚——

葱茏的大分水岭；

（中国煤矿文工团何恺鹏）我仰望阿非利加——

雪顶的乞力马扎罗……

（**国家话剧院王卫国**）但是我要说，都比不上啊，

拔地齐天的珠穆朗玛

—— 我的祖国

（**广东省话剧院姚锡娟**）高昂着头颅 ——

她注视：风云变幻的世界，

以及我们民族

（**中国煤矿文工团郭凯敏**）—— 过去的苦难，

—— 未来的欢乐。

（**中戏张筠英、中煤瞿弦和**）啊啊，缭绕着珠穆朗玛的 ——

那一片云朵，就是我！

（**陕西人艺蒋瑞征**）我到过蔚蓝的地中海；

我到过明澈的莱茵河；

（**中铁文工团张玉玉**）我见过维多利亚的瀑布；

我见过亚马孙河的洪波。

（**上海儿艺金安歌**）我聆听尼罗河畔 ——

古老的恋歌；

（**天津人艺常汝言**）我汇集密西西比 ——

奇妙的传说……

（**湖北人艺鄢继烈**）但是我要说，都比不上啊，

我故乡的小河

—— 万里长江的

一条支流 ——

（**上海译制片厂曹雷**）她荡着清波，

唱着歌，

（**江苏省话剧院郝光**）从我的童年，我的梦中

—— 淙淙流过。

（**中戏张筠英、中煤瞿弦和**）啊啊，潋滟着故乡小河的 ——

那一缕晨光，就是我！

（**全总文工团王毅**）我看过富士的樱花；

我看过吕宋的杧果；

（**山东省话剧院董旋**）我看过巴尔干的玫瑰；

我看过智利的勿忘我；

（**战友洪涛**）我热恋法兰西的郁金香

—— 庄重得像玉雕；

（**空政温玉娟**）我酷爱大同江的金达莱

—— 热情得像烈火……

（**海政王庆祥**）但是我要说，都比不上啊，

隆冬时节

—— 北京

（**八一厂宋春丽**）人民英雄纪念碑前

—— 青松棵棵，

—— 红梅朵朵。

（**空政杨树泉**）我爱她的气质，

我爱她的品格！

（**中戏张筠英、中煤瞿弦和**）啊啊，吹拂人民英雄碑的——

那一缕春风，就是我！

（**北京人艺孙星**）

我读过罗丹、伦勃朗；

我读过莫泊桑、雨果；

（**中煤贾雨岚**）我读过《命运》，读过《悲怆》；

我读过《老人与海》，

《静静的顿河》；

（**北京人艺严燕生**）我赞叹卓别林——

精湛的表演；

（**中煤文工团白蓓**）我推崇马雅可夫斯基——

辛辣的诗作……

（**文艺新媒体胡乐民**）但是我要说，都比不上啊，

敦煌、云岗

——中华五千年文明

灿灿的画廊；

（**辽宁人艺顾玲玲**）杜甫和他的——

《茅屋为秋风所破歌》；

（**河南省话王磊**）方志敏同志——

清贫的、正直的生活。

（**中戏张筠英、中煤瞿弦和**）啊啊，延续五千年文明的——

那一脉血滴，就是我！

（**总政刘纪宏**）我去过伦敦的钟楼；

我去过东京的银座；

（**福建人艺吴林玲**）我去过埃及的大金字塔；

我去过丹麦的美人鱼雕塑；

（**火箭军苗博**）我流连墨尔本 ——

旋转舞裙般的歌剧院；

（**山西省话张晶**）我徜徉雅典城——

庞大的奥林匹克村落 ……

（**河南省话于同云**）但是我要说，都比不上啊，

古长城、大运河

—— 何等的磅礴，

—— 何等的气魄。

（**中煤杜宁林**）这样的民族——

有什么艰难不能攻破！

（**安徽省朗诵协会鲍远明**）这样的子孙——

有什么事业不能开拓！

（**中戏张筠英、中煤瞿弦和**）啊啊，彪炳着中华史册的 ——

那一个惊叹号，就是我！

（**空政吴京安**）我仰慕华盛顿的《独立宣言》；

我仰慕鲍狄埃的《国际歌》；

（**浙江省话宋迎秋**）我仰慕莫斯科阅兵的红场；

我仰慕巴黎公社血的墙垛；

（**文艺新媒体金峰**）我敬佩南斯拉夫的游击队

—— 和它的统帅铁托；

（**中国儿艺王俪桦**）我称颂美丽的日本列岛

—— 和它的经济飞跃 ……

（**聆响行歌徐涛**）但是我要说，都比不上啊，

中国的万里长征

—— 乌江水湍急的漩涡，

—— 泸定桥冰冷的铁索。

（**四川人艺董凡**）昨天，为了——

中华民族的解放；

（**北影臧金生**）今天，为了——

走向复兴的祖国！

（**中戏张筠英、中煤瞿弦和**）啊啊，追逐着梦想前行的 ——

那一个男儿女儿，就是我！

（**轮诵**）假如让我第二次诞生，

（国家大剧院赵岭）假如，让我自己选择；

我还是要诞生在你的怀抱中，

我的母亲 —— 中国！

瞿琮（作者）
中国人民解放军军职艺术家，一级编剧，诗人、作家。

刘纪宏
中国戏剧家协会朗诵专业委员会委员、原总政文工团一级演员。

孙星
中国戏剧家协会朗诵专业委员会委员、北京人民艺术剧院一级演员。

佟凡
中国戏剧家协会朗诵专业委员会委员、中国国家话剧院一级演员。

王卫国
中国戏剧家协会朗诵专业委员会委员、中国国家话剧院一级演员。

严燕生
中国戏剧家协会朗诵专业委员会委员、北京人民艺术剧院一级演员。

杨青
中国戏剧家协会朗诵专业委员会委员、中国国家话剧院一级演员。

张凯丽

中国戏剧家协会朗诵专业委员会委员、中国国家话剧院一级演员。

张秋歌

中国戏剧家协会朗诵专业委员会委员、中国国家话剧院一级演员。

洪涛

中国戏剧家协会朗诵专业委员会委员、原战友文工团一级演员。

苗博

中国戏剧家协会朗诵专业委员会委员、原火箭军文工团一级演员。

王俪桦

中国戏剧家协会朗诵专业委员会委员、中国儿童艺术剧院一级演员。

王庆祥

中国戏剧家协会朗诵专业委员会委员、原海政文工团一级演员。

王毅

中国戏剧家协会朗诵专业委员会委员、中华全国总工会文工团一级演员。

温玉娟

中国戏剧家协会朗诵专业委员会委员、原空政文工团一级演员。

吴京安

中国戏剧家协会朗诵专业委员会委员、原空政文工团一级演员。

杨树泉

中国戏剧家协会朗诵专业委员会委员、原空政文工团一级演员。

张筠英

中国戏剧家协会朗诵专业委员会委员、译制片导演。

张玉玉

中国戏剧家协会朗诵专业委员会委员、中国铁路文工团一级演员。

白蓓

中国戏剧家协会朗诵专业委员会委员、中国煤矿文工团一级演员。

曹雷

中国戏剧家协会朗诵专业委员会委员、上海电影译制片厂一级演员。

常汝言

中国戏剧家协会朗诵专业委员会委员、天津人民艺术剧院一级演员。

杜宁林

中国戏剧家协会朗诵专业委员会委员、中国煤矿文工团一级演员。

郭凯敏

中国戏剧家协会朗诵专业委员会委员、中国煤矿文工团一级演员。

何恺鹏

中国戏剧家协会朗诵专业委员会副主任、中国煤矿文工团二级演员。

贾雨岚

中国戏剧家协会朗诵专业委员会委员、中国煤矿文工团一级演员。

金安歌

中国戏剧家协会朗诵专业委员会委员、上海儿童艺术剧院一级演员。

瞿弦和

中国戏剧家协会朗诵专业委员会主任、中国煤矿文工团一级演员。

姚锡娟

中国戏剧家协会朗诵专业委员会委员、广东省话剧院一级演员。

董凡

中国戏剧家协会朗诵专业委员会委员、四川省人民艺术剧院一级演员。

董旋

中国戏剧家协会朗诵专业委员会委员、山东省话剧院一级演员。

顾玲玲

中国戏剧家协会朗诵专业委员会委员、辽宁人民艺术剧院一级演员。

郝光

中国戏剧家协会朗诵专业委员会委员、江苏省话剧院一级演员。

蒋瑞征

中国戏剧家协会朗诵专业委员会委员、陕西人民艺术剧院一级演员。

宋迎秋

中国戏剧家协会朗诵专业委员会委员、浙江省话剧院一级演员。

王磊

中国戏剧家协会朗诵专业委员会委员、河南省话剧院二级演员。

鄢继烈

中国戏剧家协会朗诵专业委员会委员、武汉市话剧院一级演员。

于同云

中国戏剧家协会朗诵专业委员会委员、河南省话剧院一级演员。

张晶

中国戏剧家协会朗诵专业委员会委员、山西省话剧院一级演员。

鲍远明

中国戏剧家协会朗诵专业委员会委员、安徽省电视台主持人。

胡乐民

中国戏剧家协会朗诵专业委员会委员、青年朗诵家。

金锋

中国戏剧家协会朗诵专业委员会委员、配音艺术家。

宋春丽

中国戏剧家协会朗诵专业委员会委员、原八一电影制片厂一级演员。

吴林玲

中国戏剧家协会朗诵专业委员会委员、福建省话剧院一级演员。

徐涛

中国戏剧家协会朗诵专业委员会委员、聆响行歌创始人。

臧金生

中国戏剧家协会朗诵专业委员会委员、北京电影制片厂一级演员。

赵岭

中国戏剧家协会朗诵专业委员会委员、国家大剧院艺术家。

洋洋（视频制作）

严指挥领我诵“黄河”

瞿弦和

每次在北京音乐厅演出《黄河大合唱》，我都会在后台二层最西面的化妆间门前伫立，这是一个难忘的地方——指挥休息室。

我不是声乐演员，也不是演奏员，而是音乐会上担任朗诵的话剧演员。改建前的北京音乐厅，化妆室有限，每次我都荣幸地被分配在严指挥的房间。其实，我也只有演出前向他请教和演出后帮他擦汗换衬衫。

在指挥家严良堃家中合影

指挥家严良堃风采

我怀念他，是他领我诵“黄河”，《黄河大合唱》的旋律中时常浮现他的形象，黄河的浪涛上总会闪现他的指挥棒。

纪念《黄河大合唱》首演八十周年，中央电视台《经典咏流传》栏目拍摄了专辑，还播出了在延安宝塔山下重唱“黄河”的音乐会录像，再次激发了全民族的激情。

延安鲁艺旧址广场演出《黄河之水天上来》（三弦伴奏）

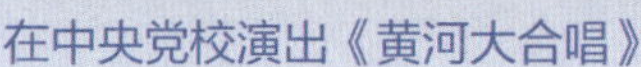

在中央党校演出《黄河大合唱》

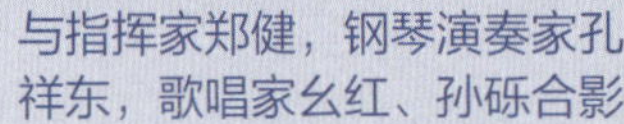
与指挥家郑健，钢琴演奏家孔祥东，歌唱家幺红、孙砾合影

在延安宝塔山下演出《黄河大合唱》

节目中主持人采访新中国成立后第三段《黄河之水天上来》的恢复情况，我作为恢复者之一和朗诵者讲述了当时的经过。想说的话太多了！

担任《黄河大合唱》的朗诵是我艺术人生中无法忘怀的经历，至今已近40年了。《黄河大合唱》诞生于1939年，由曲作家冼星海、词作家光未然共同创作，是八段体的合唱。每段之前都有朗诵，这不是一般的朗诵，是与音乐融为一体的朗诵。作曲家冼星海的女儿冼妮娜曾于1985年11月11日，在纪念冼星海80年诞辰、逝世40周年之际在《人民日报》上撰文，记载了在中国香港演出《黄河大合唱》的情景。"中国香港红勘体育馆灯火辉煌，场内一侧十几个看台上站满了千人合唱的演出队伍，'朋友，你到过黄河吗？……'瞿弦和那嘹亮亲切的声音，向着两万听众呼唤着，指挥家严良堃振臂一挥，合唱队千口同声，以排山倒海之势，唱出了《黄河船夫的号子》：'划哟，划哟……'这震耳欲聋的雄壮歌声立刻把全场观众的心抓住了，他们好像回到了祖国，来到了古老的黄河边，听到了黄河的咆哮，看到了船夫的呼号。"

这段描述把朗诵与合唱、音乐融为一体并形象地描述出来了。的确，每段的朗诵与音乐丝丝入扣，配合极为严格。

严良堃老师亲自选定我担任《黄河大合唱》的朗诵，用他的话说："小瞿有激情，朗诵有音乐感。"他对每段朗诵都有具体的要求，我也向他汇报了自己的想法，最后的呈现是：第二段《黄河颂》，男中音独唱之前的朗诵词，充满辽阔感，节奏舒缓，最后一句"我们向着黄河，唱出我们的赞歌"。朗诵结束时，正是乐句开始。

第四段，女声合唱《黄水谣》前奏中的朗诵词，最后一句"不信，你听听，河东民众痛苦的呻吟"。词作者特别标明了"冒号"，朗诵结束时必须是合唱前奏的开始。

第五段男声对唱《河边对口曲》的朗诵没有音乐，而是朗诵之后，音乐再起，朗诵者必须衔接上一段《黄水谣》的情感基调，读出"妻离子散，天各一方"，再读"你听听吧！这是黄河边上两个老乡的对

指挥家严良堃赠送的《黄河大合唱》单行本

唱”。这样以三弦儿为主的演唱前奏便自然开始。

第六段《黄河怨》，女声独唱，非常感人。朗诵者应给予演唱者规定情境的铺垫，朗诵词“亲爱的同胞们，你听听一个妇人悲惨的歌声”之后，要缓缓地倒退几步，手指向演唱者的方向。

第七段《保卫黄河》，是家喻户晓、人人会唱的歌曲，朗诵在鼓声中开始，节奏紧凑，充满力度，在“保卫黄河，保卫华北，保卫全中国”之后，合唱立即发出“风在吼，马在叫”的歌声，节奏不稳就会出现词未完合唱已进入，或朗诵之后合唱未开始的情况。

第八段《怒吼吧，黄河》为混声合唱，音乐前奏较长，朗诵者要把握入点，并在之前结束，与合唱融为一体。

这些要求，我理解了，实践了，直至今日还被作为年轻演员的参照标准。

《黄河大合唱》在延安首演时，为八段，其中的第三段《黄河之水天上来》是词作家光未然老师自己朗诵的。当年他披着黑斗篷，站在麦垛上（严良堃老师讲述）用三弦伴奏。新中国成立后，这一段始终没有出现，均以七段体演出，光未然老师也只在北京大学共青团活动中朗诵过一次。1986 年，宝丽金唱片公司准备出版完整版的《黄河大合唱》（八段），他们与中央乐团著名指挥家严良堃联系，严指挥说：“那我得找小瞿。”于是就有了下面我夫人张筠英讲述的第三段《黄河之水天上来》恢复的故事。

1985 年夏天的一个晚上，弦和下班演出回家已是晚上了。他非常兴奋地给了我一个小本，黄色封面（已有些褪色），是《黄河大合唱》的简谱本。看到我诧异的表情，弦和说：“这是中央乐团的严良堃指挥给我的，让我准备一下第三段《黄河之水天上来》。”

因为《黄河大合唱》的其他段落弦和已经和乐团合作演出很多次，但从来没有提起过这第三段。

翻开第三段，看了诗句，又看了一下简谱，让弦和试着读前面的一小段诗，我拿着简谱试唱一下，然后用表计算了一下时间，为的是看看诗的长度和音乐的长度是否大致一样。若相差不多，可以调整诗的朗诵速度或个别段落的速度来适应音乐。

第一遍计算下来，我很惊讶，全诗的时间只够音乐的三分之二长度，差三分之一的时间呀！这不是调整朗诵速度就可以与音乐配合的。怎么办？我们又试了一遍还是如此，与前一次相差无几。

只有一个办法，能否把音乐缩编呢？这只有与严指挥商量了。

与严指挥约好到了他家，严指挥约上中央乐团的作曲家施万春一起到家商量。一开始严指挥就说："你们说诗与音乐相差三分之一，我考虑必须把音乐缩编，既然要改动最好一次成功。这段要以诗的节奏为主，所以你们把朗诵的节奏告诉我。"

当我们把在家里录好的朗诵的磁带拿出来，严指挥笑了："你们早就准备好了，有这个磁带就好办了。不仅是长度，而且节奏和气氛也可以调节好，这下没问题了。"

果不其然，三天后，弦和从严指挥那里拿来修改后的钢琴录音带，当时只有盒带、砖头录音机。

第一次和着音乐读诗，真是享受呀！能让你很自然地心潮起伏。段落间的变化有了音乐的衔接，节奏也变得很顺畅了。当然不能说是严丝合缝，为了能保证与乐队合乐的稳定性，我在弦和抄好的诗的每一小段前面写好音乐的旋律，这样一旦这个旋律出来，上一段还没朗诵完，可以稍微加快一点速度。如果已经朗诵完这一段，下一段旋律已出现，下一段节奏可稍微快一些。

《黄河大合唱》的第三段被人们称为"黄河大朗诵"的《黄河之水天上来》在这样精心的研究磋商后终于取得了完美的结果。

筠英回忆了这一过程，当我们到中央乐团排练厅合乐时，乐务告诉大家："原来的七段很熟了，第三段第一次合，可能时间会长一些，大家要有思想准备。"没想到，一遍过呀，严丝合缝，乐队祝贺，严指挥脸上也笑开了花。

指挥家严良堃排练《黄河之水天上来》

新中国成立后《黄河之水天上来》首演

20 世纪 80 年代演出《黄河大合唱》

与歌唱家郭淑珍、刘秉义合影

与指挥家李心草合影

恢复后的《黄河之水天上来》搬上舞台的那一场，词作家光未然老师来了，严指挥在演出结束时才告诉我："光年（光未然名）来了，在休息室等你。"光年同志是文化艺术界领导，我们大都远远地看他在主席台上。那天，他从沙发上站起来，紧紧地握住我的手，说了三个字："谢谢你！"他的眼里含着泪水，我感受到他的愿望实现后的激动，此情此景我终生难忘。

著名指挥家杨鸿年，也上台表示祝贺。他当着严指挥的面，笑着指着我说："天下黄河第一人。"这是说了多年的愿望，今天实现了，《黄河大合唱》终于完整呈现了。

祖国宝岛台湾的民众，也经常演唱《黄河大合唱》，第三段恢复之后，环球音乐出版了《中乐京华——黄河大合唱》的CD光盘，封面上特地附上了说明：“本辑为一九八七年宝丽金唱片赴北京录制的巨作。由于过去这个曲目一直不完整，因而这次录音特别把《黄河之水天上来》的朗诵部分完整录音。朗诵者瞿弦和被誉为不能替代的经典诠释者，而严良堃更是指挥黄河的不二人选。从慷慨激昂的合唱部分到生动丰富的演奏表情，本曲无疑是令人热血沸腾的伟大创作。”

《黄河之水天上来》在资料上写的是朗诵歌曲，我理解是必须和音乐融为一体，是具有音乐性的朗诵，像唱一样的朗诵。我加进了戏剧表演的元素，那就是朗诵者要全身心投入，如同是站在黄河边上抒发内心的感悟，表达民族之声。朗诵时视像要特别具体，第三段中有这样的诗句“黄河之水天上来，排山倒海，汹涌澎湃，奔腾咆哮，使人肝胆破裂”“红日高照，水上金光迸裂”“日出东山，河面银光似雪”……由于工作及演出原因，我曾在黄河源头及入海口，在青海的果洛、循化、贵德，甘肃的兰州，银川的石嘴山，山西的壶口瀑布，河南的郑州，山东的东营黄河入海口等地的黄河边伫立，亲眼见到黄河水的千姿百态，朗诵时会出现真实的景象。

这一段朗诵与严良堃指挥的要求、与琵琶演奏家的体现有着直接的关系。严指挥处理得格外细腻，首演的琵琶演奏家张强的节奏把握得非常准确，比如“东方的海盗，在亚洲原野，伸张着杀人的毒焰；饥饿和死亡，像黑热病一样，在黄河的两岸传染”，严指挥处理时要求朗诵“传染”的“染”字时与琵琶演奏同时收住，象征“共同的控诉”，给

观众（听众）留下深刻的印象。

我与著名指挥家严良堃多次赴宝岛台湾演“黄河”。

记得有一次演出结束后，我陪严指挥一同走出后台，一位海外华人在等着见面，他说：“第三段我以前没听过，这次听了特别激动，我流泪了，因为每一位华人不论身居何处，我们血管里流的不是血，而是黄河的水。”这就是被列为20世纪“华人音乐经典”的《黄河大合唱》的艺术魅力啊！

在中国香港演出《黄河大合唱》

与指挥家严良堃在中国台北合影

在中国台北演出《黄河大合唱》

当年首演时，第三段《黄河之水天上来》，光未然老师是在三弦伴奏下朗诵的，颇有吟诵之感。严指挥曾送给我一盘盒式录音带，那是光未然本人在新中国成立后，用三弦伴奏在家中朗诵的《黄河之水天上来》，严指挥还说过“找机会咱们试一下”。

但他生前未能实现这一愿望。在纪念“黄河”首演80年的日子里，光未然老师之子张安东，希望能重现这一场景。他邀请三弦演奏家高伟和我合作，我们在延安鲁艺前的广场上演出了《黄河之水天上来》的三弦版。演出后，张安东兴奋极了，当晚用文字发来一段感言：“您这次创造性演绎了失传七十几年的冼星海原作三弦版《黄河之水天上来》，和高伟在极短时间内排练，达到演出的绝对成功，感谢您！这也是家父和严指挥的愿望。您的三弦版演出是您的开创，您的再现，您抢救历史珍宝的关键贡献！昨天的演出，观众完全没有因为大乐队静下来、只有一把三弦演奏，反而他们深深被您的表演感动！三弦版更古朴高远，交响乐版激扬热烈，各有精彩！”

严良堃老师不仅是我艺术生涯中的恩师，更是朋友。在我任中国煤矿文工团团长的30年中，他一直在业务上扶持我。不仅带我赴上海、四川、云南等地演“黄河”，让我在北京各大剧院诵“黄河”，还应我邀请担任文工团文艺职称评委，在中央电视台采访我的栏目中当嘉宾。2017年初，我去他家中探望，他格外高兴，特意换了衣服与我合影。他女儿严迪说，这是父亲生前最后一次与他人照相。真是难忘的记忆！

时代在发展，经典咏流传，《黄河大合唱》有着永恒的生命力，更多的年轻演员参与到演出的行列担任《黄河大合唱》的朗诵，一定要按

与中国煤矿文工团民乐团合作朗诵《黄河之水天上来》

中央电视台《经典咏流传》现场朗诵指挥俞峰

照严指挥的要求，与音乐融为一体，以真情实感抒发民族之情，就像你伫立在黄河边，望着黄河水，无论它是清是浊，是急是缓，它都是勇往直前。它是我们中华民族精神的象征，用声音赞美我们的母亲河吧！这是对著名指挥家严良堃最好的纪念。

瞿弦和写于严良堃百年诞辰

——本文原载于2023年11月中国国家交响乐团《纪念严良堃诞辰文集》

后记

路伸向远方，需一步步前行；巢架在树上，要一枝枝造就。我们热爱语言艺术，坚持积累每次朗诵实践的体会。

这本随笔是我们在《百篇百感：朗诵实践谈》出版三年后写下的新回忆、新感悟。有愉悦、更有惊喜。

宋代词人陆游在《剑南诗稿》中以“横陈粝饭侧，朗诵短檠前”表达自己的执着与热忱。我们将继续探讨，乐在其中，追求永无止境。

2025 年，夫妇二人同台朗诵